Erase the Wrinkles of Mind

別讓心靈佈滿皺紋

我的第一本心理按摩書

安顏—著

編輯序

這是一本與眾不同的「心理按摩」指南

哈佛大學教授、心理學家泰勒．本．沙哈爾博士，在開設「積極心理學」課程時，第一年只有八個人選修，第二年超過了三百人，第三年接近一千人。現在，他教授的「積極心理學」在哈佛課程中「受歡迎率」排名第一，被譽為哈佛「最受歡迎的人生導師」。對積極心理學的熱切需求，是因為人們想變得更快樂、更幸福，想更多瞭解自己、更多瞭解別人，改善我們的生活。

泰勒．本．沙哈爾博士說：「我認為幸福才應是至高的財富，當我開始研究積極心理學後，我的人生也發生了徹底改變。我發現原來幸福就在於能掌握的積極心理力量；原來人有無限的潛能，卻不自知；原來每天可以體驗幸福，卻常常視而不見；原來心靈的力量可以『練習』，很多人卻習慣於無助……」

如今，我們的物質生活變得越來越豐富，但是那些生命中最本質的東西，比如情緒、情感、親密關係、信任、安全感、健康、睡眠等等問題，卻依然使我們感到困惑，焦慮和壓力更是與日俱增。這一切都讓我們覺得，內心世界似乎正在走向幸福感「大蕭條的時代」。

這本書就是和你一起面對這些話題。

如果世上真的有一種絕對完美的生活，我們都希望自己可以一勞永逸地停留在開心、健康、沒有煩惱、高品質的身心享樂境地。但事實正如宗薩仁波切所說，「一切和合事物皆無常」，也就是說，任何兩個相遇事物的變化都會帶來改變。我們想要更好的生活，就需要有更好的心靈控制力，這樣才能真切地感受到快樂和幸福。

翻開這本書，你會在墨香和文字中得到心靈的啟示。作者將會在「身心的喜樂與平衡」、「關係的和諧與豐沛」、「自我實現的完滿」、「心理困擾的解決」、「生命真諦的解讀」等方面，和你進行一場亦師亦友的對話。當你和內在的自己越接近，越能體悟到生命的大自在。

我們都知道，改變是困難的。那麼，為什麼有人無法承受變化？因為內心的容量和力度不夠！我們往往認為阻礙幸福的因素來自環境或他人，其實，如果內心沒有背負太多未解決的情緒障礙，就很容易看見並善用自己的心靈力量進行改變。

幸福，是所有目標的終極目標，幸福的奧秘就在於你的視角、你的理解、你的心態、你的選擇；幸福還在於你能掌握的積極心理力量，改變自己、刷新自己。只要邁出這一步，你會發現自己離幸福更近了一步。

從現在開始，就讓我們將目光投向自己，為自己的心靈做一次全方位的按摩，找尋那個「從未遇見的自在之境」吧！

作者序

感覺心累了，請翻開它

有的人並不缺乏才華、能力和機遇，卻總是和成功失之交臂；有的人擁有令人羨慕的生活和事業，內心卻沒有幸福感。之所以會出現這樣的狀態，原因就在於，他們不具備健康的心理素質和良好的心態。

當前，人們在健身、養生甚至美容等方面都傾注了大量的精力，可是卻忽略了自己的心理健康。殊不知，沒有任何一種災難能像心理疾病一樣，帶給人們持久而深刻的痛苦。

由於生活和社會環境的壓力，人們心理問題的發生率持續增高，如果不能即時察覺和正確處理，往往會給自己帶來很大的困擾，甚至會令人生和事業全線潰敗。一個健康、陽光、優秀的現代人，應該是熱愛生活的，是悅納他人的，是自知自愛的，是情緒穩定的，是堅強快樂的，而具有這些優秀品格的基礎就是健康、澄澈的心靈。

美國成功學大師拿破崙．希爾曾說：「人與人之間沒有太大的差別，只有積極心態與消極心態這一細微的區別，但正是這一點點差異決定了二十年後兩個人生活的巨大不同。」

當一個人心中的消極情緒長期大於積極情緒時，心靈就會失衡，向悲觀絕望的方向發展，給身心造成重大影響。相反，如果我們能夠即時消除心中的不良情緒，避免心靈垃圾的堆積，同時積極製造正面的情緒，那麼我們就能讓心靈充滿健康向上的因子，身心保持平衡和諧的狀態。

我們的身體和心靈互為彼此的一部分，只有身心合而為一，才能為人生提供最強勁的動力和能量。在高壓和緊張的生活中，疲憊的不僅是我們的身體，還有心靈，我們要經常給負重的心靈做做按摩，來滌蕩心靈塵埃，解決心理困擾，排除不良情緒，排解生活壓力。如此一來，才能找回生命的意義和真諦。

如果你覺得迷茫，如果你心生妄念，如果你感覺恐懼，如果你萬般糾結，如果你無所事事，如果你沉浸於挫敗感、疲憊感、麻木感或者你總是在沒完沒了地抱怨……那麼就是你該翻開這本書的時候了。

書中悅目的文字就像一位專業的按摩師，輕柔細緻地為你的心靈做一次全面的按摩，讓僵硬、疲乏、緊張的心，逐漸鬆弛舒緩，變得輕盈、愉悅。進而使你認識和接受真正的自己，用最好的心態去面對當下的生活——屬於你的生活。

我們都明白，人生除了起點與終點之外，剩下的就是過程。世上沒有一個人是為了體驗痛苦而來，也沒有一個人願意毫無感受地麻木而去。雖然人生總有不如意，並不是每個期望中的結果都能實現，但是如果我們能夠在生命有限的過程中盡量追求快樂，享受和珍惜幸福，也能擁有一份圓滿。

希望本書如同一把開啟心門的鑰匙，讓你在生活中保持平和鎮定，神凝氣靜；也希望本書可以給讀者朋友們心靈的啟示和支持，讓每個人的生命更堅強，心態更陽光。

Chapter 1

Chapter 2

Chapter 3

Chapter 4

Chapter 5

Chapter 6

惜福納福——感恩才會快樂／197

Chapter 7

別讓心太吵——踏上寧靜的心靈之路／231

Chapter 1

誰軟禁了我們的快樂？

——限制來自內心

放棄「如果……就」的幸福觀

「如果我的存款能買得起房子，我就太幸福了。」
「如果女朋友能為我織條圍巾，我就很滿意了。」
……

「如果…就」的思維模式往往讓我們認為自己處於一種未能如願的不幸福感中。假使你懷疑是「如果」的內容沒有選對，那就大錯特錯了。真正扼殺幸福感的罪魁禍首，正是「如果…就」的幸福觀本身！

是什麼禁錮了你的幸福？

女友欣雅是一位30歲的女孩，她個性開朗，待人親切，相貌也算是同年齡人中的上等，但她至今仍然單身。欣雅在過去的幾年中談過多次戀愛，可是最後都以分手告終。她每次分手的理由常常令對方費解：「如果你的工作公司離我近一些，我們下班後約會就更方便了。」「如果你的個子能再高一點，我就可以剛好枕在你的胸前。」「如果不用我說你也能懂我的意思，那我就會感到特別有默契……」欣雅將「如果…就」的錯誤觀念做為擇偶信條，在不知不覺中，親手把自己封印在自我世界中。

2010年獲得大陸某電視真人秀節目年度總冠軍的劉偉是一位失去雙臂的殘疾青年。他雖然沒有雙手，卻依然可以刷牙洗臉、接打電話，快樂地過著和正常人一樣的生活。當他在舞臺上用雙腳傾情演奏華麗的鋼琴曲時，全場觀眾無不為之動容，紛紛用掌聲向劉偉表達敬佩之情。賽後，主持人問劉偉：「你有沒有想過，如果沒有那次意外，你會怎樣？」劉偉微笑著回答：「人生本來就沒有如果，享受當下，努力快樂地活著。」

劉偉失去了雙臂，但他並沒有因此限制了自己。我們四肢健全，為什麼還要用那些虛無縹緲的「如果……就」來禁錮自己呢？「如果……就」的幸福觀讓我們看不清事情的本來面目，進而限制了我們的發展，阻礙了本來該屬於我們的幸福。

願望≠目標

聚會時常常會聽到朋友們說：「如果我也能住別墅，開名車，這輩子就知足了！」每每說到這裡，他們的臉上總會泛起充滿幸福和喜悅感的紅光。當你認真地追問下去：「你確定別墅和名車是你最想要的嗎？如果讓你以此做為人生目標，為之奮鬥終生，你願意嗎？」答案往往有兩種，有的人會毫無猶豫地給出肯定回答，甚至與你打賭，若干年之內必定會兌現自己的承諾，實現願望；有的人則會微笑著坦言：「那不過是我的一個美好願望，並不能成為我的人生目標。」

在我們小的時候，老師和家長總愛問同一個問題：「長大以後你想做什麼呀？」我們會天真地回答：「做科學家」、「做大將軍」、「做總統」……然而，隨著時光的流逝，又有多少人真正達成了自己兒時的願望呢？

隨著時間的推移，年齡的增長，有的人會慢慢認識到，要想實現兒時的夢想簡直是太難了。因此，他們選擇了放棄。還有的人在成長過程中漸漸發現那些童年的夢想並不是現在自己最想要的，所以他們也放下了這個夢，朝著更加渴望的方向努力。

其實，願望的產生基於我們的慾望，而目標的建立是基於現實的，它比願望來得更加清晰、更加明確。當我們步入職場，開始工作，我們經常能在員工聚會上聽到老闆慷慨激昂的言詞，假使他說：「如果你們繼續努力工作，我就會給予獎勵！」請你不要當真，這多半只是老闆的一個願望而已。假使他說：「如果你們完成下半年的工作指標，我就給每人加薪兩千元！」這句話目的明確，有期限，透過努力就能達到，可以稱之為目標。

每個人都有很多願望，當我們想要付諸行動去實現時，首先要多問問自己，這種願望是否具備成為目標的條件。只有這樣，我們才能把強大的內心力量投入有效的目標當中，全心實現最可能實現的願望。

收起「如果…就」的思維模式

一位單親媽媽曾在調解家庭紛爭的電視節目中抱怨道：「我的孩子太難管教了，他總和我作對！」在主持人的詢問下，這位媽媽舉出幾個引發爭吵的例子。她說：「每天吃早餐時，我都希望他一邊吃麵包一邊喝牛奶，可是他總是先把牛奶喝光，再吃麵包和雞蛋，太讓我生氣了。放學回家後，我希望他進門先洗手再坐下看電視，可是他總是忘記洗手。還有，我最討厭吃巧克力，也不希望我的孩子吃，可是他偏偏喜歡那個口味，我們也常因為巧克力而吵架。」

兒子在另一間直播室中聽著媽媽的抱怨，也吐露了自己心中的委屈。他說：「我從小被媽媽一個人養大，她是我唯一的親人。可是媽媽總對我說『如果你什麼都能按照我的意思做就好了』，可是我也需要有自己的看法和主張啊！」

聽完母子二人的表述後，專家們一下就找到了問題的根源和解決辦法，他們一致認為是這位媽媽的思維模式出了問題。她本人不喜歡巧克力，也要求她的孩子不去喜歡，這種習慣性地以自我認知強迫他人認知的行為，導致了雙方的不愉快產生。如果我們能夠放下「如果…就」的思維模式，不在自我心中製造是非，嘗試接受和理解對方的思維與習慣，你會發現人與人的相處其實並沒那麼難。

大多數煩惱都來自妄念

我們在心中產生了種種不切實際的念頭和想法，同時又缺乏勇於面對的勇氣，進而不耐煩地抱怨著現實中的人和事，無盡的煩惱也由此產生。只有阻止那些虛妄的意念，才能真正切斷煩惱和壓力，回歸真實生活。

潛意識的期待令人失衡

我們的大腦就像一座布滿精密儀器的高科技工廠，細膩的思維與繁冗的意念無時無刻都充斥其中。在日常生活裡，我們所說的每一句話都代表著一種來自潛意識的思想和期待，這的確令人感到驚奇。當我們準備去用餐，在潛意識裡就已經產生了對這家飯館的地理位置、餐廳環境、菜餚味道、服務水準等因素的評價。如果到了那家飯館，發現一些環節與自己的期待有了較大出入，往往會感到失落甚至是氣憤，煩惱也就由此而生。

在社交中，我們常常能聽到某些人的抱怨。比如「每次我問丈夫是否口渴，他總回答渴或者不渴，從不會想到我是不是想喝水，這令我非常懊惱。」很顯然，這位妻子的煩惱正是來自於潛意識中的期待。她在詢問丈夫是否口渴的同時，潛意識中已經產生了一種嚮往，希望丈夫能夠理解自己正在口渴，並為她端來一杯水。然而，世上並沒有一個人能夠完全適應和理解對方的思想，當丈夫沒有達成她的期待時，這位妻子就會心生懊惱，甚至橫加指責，破壞了夫妻感情。同樣，在競爭激烈的職場中，也存在著潛意識期待產生的煩惱：老闆常常認為員工不夠努力，同事總會抱怨自己的搭檔不夠默契。很多不切實的期望產生在潛意識中，讓我們庸人自擾。

渴望成功的人一般會有兩種結局，一種是成為真正的強者，一種則變成「怨婦」。其實，這兩種人對成功的期望都來自於內心潛意識，而對後者來說，這種期望或許超出了自己的能力範圍，使自己備受壓力。既然如此，我們就應當學會控制內心的期待，為自己減壓。在與人相處時，嘗試理解與接納他人。倘若對方真的有過錯，我們也不要急於指出和糾正，而是要用足夠的耐心幫助對方。同樣，在教育子女方面，父母常常會有諸多期望，但也要想一想，自己的期望是否合理，會不會給子女帶來過大的壓力。

憂慮帶來的隱性壓力

人無遠慮，必有近憂。這句話的意思是，如果沒有長遠的打算與計畫，就會有即將到來的憂患。為此，我們常常用憂患意識來面對世界，擔心衰老、害怕失業、恐懼疾病，這些無形的憂慮為我們製作出了壓力。當我們背負著諸多壓力前行時，你會發現，儘管我們擁有憂患意識，皺紋卻還是一條條爬上了臉龐，新人的加入還是把我們炒了魷魚。我們的啤酒肚漸漸顯露出來，小蠻腰已經成為過去式，高血脂、高血糖、高血壓還是無情地進駐了身體。實際上，憂慮並沒有帶給我們什麼改變，除了壓力。

一位不惑之年的男士在接受某電視台關於現代人心理壓力的採訪中說道：「我很懷念小時候無憂無慮的生活，那時候天總是那麼藍，心情總是那麼好。上學以後，我開始擔心考試成績，擔心老師和同學不喜歡我，從那時候起，我才漸漸知道了什麼叫壓力。上班以後，我擔心自己的工作業績，擔心和同事的人際關係。談戀愛時我總擔心女友的生活和心情，結婚生子後又開始為了孩子的前途和命運擔心。現在父母都已年近古稀，我無時無刻不擔心他們的健康。我感覺現在自己活得越來越累。」

的確，有許多人都會像這位男士一樣，小時候活在夢一般的世界裡。然而，隨著時光的流逝，他們不得不從美夢中驚醒過來，面對這個殘酷的現實世界，原本純淨輕鬆的心靈也被各種憂慮壓迫成一輛超載的貨車，漸漸不堪重負。

其實，懂得憂慮的人都是具有良好的品格。對於自己，他可以有效避免在做事情時可預見到的風險和難題。對於所憂慮的對象，他不僅表示了對他人的關心與善意，而且還非常希望對方過得好。可是，我們在憂慮中雖然獲得了自我安慰，但是也背負上了沉重的心理包袱，即便擁有再多美好的憧憬，也都被這種隱性壓力吞噬埋沒。

要知道，有些事情是無法改變的，父母不會因為我們的憂慮而停止老去，白髮也遲早會爬上我們的頭頂。因此，我們大可不必對這些人生常態而憂傷和煩惱。當我們不幸遭遇到自己所憂慮的事件時，更應當用一顆平常心來面對。當我們從嚴重超載的心靈貨車上卸載掉這些不必要的憂慮與煩惱時，你會發現自己的腳步變得輕快，呼吸越發順暢，心靈的發動機也有了源源不斷的動力。

摒棄猜忌，感受真實

某女性雜誌曾舉辦一次投票活動，由此評選出最影響夫妻感情的因素，最終獲得第一名的就是「無端的猜忌」。在活動評論欄中，有一位少婦這樣寫道：「結婚前我對老公說『週末我們去逛街吧！』如果他回答不去，我會感到無所謂。可是在婚後，他的每一次拒絕都引發我的一連串猜忌，我會懷疑他不再愛我了，嫌我又老又醜給他丟人了，甚至是在外面有了其他女人。在我按捺不住情緒的情況下會和他吵架，可是老公卻說我有病……」

當我們試圖邀請他人共同去做一件事而遭到拒絕的時候，往往會引起習慣性地緊張，總以為對方說「不」的原因與我們自己有關，隨後展開了無盡的猜疑，矇蔽了看清真實情況的眼睛。其實，那位丈夫依然愛著自己的妻子，外面也沒有其他女人，只是週末要去公司加班，或者想在家好好休息。可是無端的猜忌卻讓原本簡單的意願變得複雜，甚至讓本該和諧的氛圍變得不圓滿。

試想一下，當丈夫拒絕了妻子的逛街邀請，這位妻子應當學會阻斷自己心中的妄念，嘗試著告訴自己「他並不是衝著我來的」，隨後體貼地問一句：「工作很忙嗎？注意身體哦。」面對善解人意的溫柔嬌妻，再硬的冰山男也會被融化。當丈夫得到了妻子的理解和關愛後，會立刻反思自己的行為和語言是否傷害了所愛的人。

摒棄那些虛幻的意念和思想，打斷各種無端的猜測和懷疑，生活會呈現出另一番景象。

是擁有太少還是慾望太多？

當今社會，人們對幸福的關注度越來越高，但對於幸福的定義，就好像一千個讀者眼中有一千個哈姆雷特那樣不盡相同。貧苦的人說吃得飽睡得著就是幸福，生病的人說不打針不吃藥就是幸福，富有的人說擁有名車洋房的奢華生活才是幸福……難道幸福僅此而已嗎？在筆者看來，這些人眼中的幸福只不過是一種慾望牽制下的滿足，和真正意義上的幸福有著天壤之別。

過多的慾望毀滅幸福

人類的慾望一般分為兩方面，一方面來自生理，另一方面來自心靈。生理慾望是人類首先要滿足的，一個人只有以身體健康、衣食無憂做為基礎，才能有精力去考慮自己的工作是否滿意、應該找什麼樣的戀人等其他問題。回望人類社會發展的歷史，那些飢寒交迫的貧困者是絕無幸福感可言的，他們每天都在想辦法解決自己的溫飽問題，幸福和快樂根本無從談起。因此，來自生理上的慾望滿足是至關重要的，它是幸福感的泉源與基礎。

在快速發展的現代社會，人們的生理慾望得到了很好的解決，也取得很大的進步，絕大多數人已經不再為自己的生計問題發愁，因而更加關注心理慾望所能帶來的幸福感。心理慾望的產生不像生理慾望那樣單純，它與生活環境、人際關係、甚至和每個人的世界觀有著密切的關係。比如，一個女人從雜誌、網路等媒體中瞭解到女明星的奢侈生活，那麼在她的心中很可能會形成一種慾望，進而產生對比心理，認為自己與女明星相比是多麼的渺小和窘迫，因此產生了失落感，這種心理上的慾望讓自己的幸福天秤失衡。

再比如，一位男士在觀看一檔旅遊節目，他發現本期節目所介紹的地方十分美好，令他產生了想去的慾望。於是他安排好工作，請好年假，帶著妻子一同前往旅遊勝地，在他滿足了自己的心理慾望時，幸福感油然而生。以上兩種情況造成了兩種截然不同的心理狀態，這完全取決於你的願望是否合理，是否有能力實現。

其實，來自心理的慾望是必然的，也是十分必要的。我們每個人都會自然而然地嚮往美好的事物，這並沒有什麼錯。但是，產生慾望的同時我們也必須弄清一個道理，那就是它能否給你的幸福感提供有利因子。為了避免過多的慾望成為幸福的阻礙，我們應該學會將個人的心理慾望控制在一個恰當合理的範圍內。用內心的精神力量去度量，什麼才是應有的慾望，當這種精神力量強大到可以彌補生理慾望上的不足時，你就會收穫意想不到的幸福感。

明確目標，腳踏實地

在一檔電視求職節目中，處理人事的人力資源部總監向一位年輕人提問道：「你的人生目標是什麼？」年輕人帶著十分堅定的口氣回答：「我要賺一千萬。」總監說：「僅此而已嗎？」年輕人說：「不，我還要在自己的崗位上連升三級，買自己最中意的房子和最喜歡的車！」總監又問：「達成這些目標以後呢？」年輕人想了想後答道：「那我就再換輛更好的車！」他的回答引得全場爆笑，最終也未能獲得總監的肯定。

年輕人的話不禁引發了我們的思考：你知道自己的目標是什麼嗎？是富裕的生活還是充滿智慧的大腦？是高薪的工作還是溫馨的家庭？我相信絕大多數人會回答：如果可以，我都想要。

其實，我們從出生的那天起，就註定活在一個有限的時間裡，我們的生命在一分一秒、一日一夜中漸漸縮短。也許有的人可以在同一時間內做很多事，但對大多數人來說還是一心一意才能有所成就。如果我們所追求的目標過於繁多冗雜，那麼我們在生命中的每一段時間內所承載的壓力就會無形中變大，這會讓我們感覺到無從下手，忙到最後成了竹籃子打水一場空。由此可見，追求的目標太多和沒有目標的後果是一樣的。因此，我們一定要明確自己的人生目標，切莫浪費有限的生命。

我們的心靈是個有彈性的載體，它能為我們減緩壓力、輸送力量，如果我們的目標過於繁多，那麼一顆心所輸送到每個目標的力量就會相對減少。因此，我們要學會明確自己的人生目標，合理運用內心的力量，腳踏實地地為生命注入活力。

知足者真正常樂

古往今來，沒有一個人能為幸福寫下標準的定義。有的人認為幸福就是慾望得到滿足時的快感，於是他拼命奔波，努力滿足自己一個又一個的慾望，直到感覺累了，才發現幸福已經被自己過多的慾望所埋葬。有的人認為幸福是一種短暫的永恆，今天還對你噓寒問暖、體貼備至的戀人很可能明天就分手，即使雙方不在一起了，但那曾經短暫的幸福感也會深深刻入骨髓。還有的人認為幸福就是無私的奉獻，只有當你透過付出讓別人感到幸福的時候，自己才是最幸福的。這種來自精神層次的滿足是至高無上的，然而能夠真正做到的人卻並不多見。

幸福與權力地位、學歷才識、品德修養、財富資產等都是毫無關係的，它只是在瞬息萬變的生活中為我們提供快樂的一種感覺。我們都在用自己的理解和方式追尋著幸福的感覺，卻發現它並不是那麼容易得到。其實，幸福有一道極其簡單的公式——知足常樂！

知足常樂是一種釋然的處世態度，它的可貴之處在於對內心的調節。三國時期的政治家、軍事家諸葛亮《誡子書》中提到「非淡泊無以明志，非寧靜無以致遠」，本意就是讓兒子諸葛瞻養成一種淡薄名利、平靜安祥的境界。這種思想得到了現代人們的廣泛推崇，成為淨化心靈的首選至理。

然而也有一部分人曲解了知足常樂的意義，他們盲目地滿足於現狀，取得了一點成績就沾沾自喜。漸漸地，不再有所追求，變成了一個原地踏步者。其實，知足常樂所告訴我們的並不是自滿於現狀的生活態度，而是以知足做為精神世界的基點，在此基礎上勇於開拓進取。只有這樣，我們樂觀的心態才能有所保持，即使失敗也不會氣餒和沮喪，因為我們內心的根本是知足的。

當我們把知足常樂的心態運用到緊張的生活與充滿挑戰的工作中，就能輕鬆地體會到一種樂由心生的感覺。取得好成績時我們能夠開懷一笑，遇到窘境與困難時，我們也能自在歡喜。

幸福並不是你所擁有的多，而是你所計較的少。在喧囂的現實中，我們用知足常樂的心態過濾掉壓力，沉澱出本真，用一顆寬容、善良、平和、純淨的心靈面對世界，你會發現，原來平平淡淡才是真！

做人難做二月天——完美主義讓人心力交瘁

完美主義是一種精神的毒瘤，摧毀著原本簡單的快樂，讓你一生都無法觸摸到心中的目標。

不做那個糾結於「完美」的人

在我們的生活中，身邊有一些這樣的人：他們很聰明，工作能力也很強，並且勤奮好學，可是這些人偏偏在自己的工作領域中做不出什麼成績。相反，那些能力並不如他們的人，反而獲得了成功。這究竟是為什麼呢？

細細觀察，你會發現，有些苦求結果卻不得的人，往往正是一個超級的「完美主義者」。可能你會想問：「完美主義者難道不好嗎？」是的，完美主義者真的不好。很多人無法成功的原因，不是自身能力不夠強，也不是不夠勤奮和堅持，而是在做任何事時，都極力希望把事情做到極致。所以，他們總是在準備和等待著各式各樣條件具備之後才肯動手行動。因此，這些力求完美的人，往往耗費了一生的精力處在等待或者修復的狀態中，進而錯過了一次次的機會。

世界上本沒有完美的事物，我們不要做那個糾結於「完美」的人。追求完美只會讓我們變得更加煩惱與不安。這就好比一份相同的工作，完美主義者一定會提供出很多不同的工作方案與思路交給上司，但是如果讓他來選一個最好的方案，他往往沒有了主意；現實主義者雖然能力不一定強，方案也可能只有一套，但是他提供的絕對是一套最可行的方案。

不僅是工作，生活中的其他問題也一樣。如今剩男剩女已成為時下火熱的話題，在這個現象的背後，一定擺脫不了與「完美」的關聯。一個人，總是等待著自己想像出來、構思出來的完美伴侶，最終怎麼可能實現呢？

在生活和工作中，不管是對待身邊的家人、朋友還是同事，我們都應該擺脫「完美主義」的要求。只有這樣，你才會慢慢發現，人生有很多樂趣。世界，也不再是昨天的世界。

極致的完美就是極度的缺憾

小艾總是抱怨她的上司是「怪物」，凡事都要求盡善盡美。有一次，她所在的部門和另外幾個部門聯誼辦活動，要編排幾個小時的節目。原本是放鬆娛樂的事情，大家嘻嘻哈哈排練一下便可以了。就算是唱歌稍微有一點走調，舞蹈動作稍微不到位，又有什麼關係呢？反倒增加了喜劇效果。可是，上司非常不滿，一定要她們加班排練節目，就像要求專業演員一樣。大家都有怨言，怪他把輕鬆的事情變得像軍訓，苦不堪言。工作上，她的上司更「變態」：一個小小的錯別字、一個稍微延期的會議，都會讓他生氣，他對「完美」的追求已經到了讓人髮指的地步。

這位上司能夠順利成為「上司」，實在是個奇蹟了。因為在大多數情況下，過分追求「完美」而導致團隊氣氛不愉快的人，是會遭到淘汰的。

我們玩單機遊戲也好，玩網路虛擬世界也好，總會遇到各式各樣的BUG，這就是程式「不完美」的表現。但是，能否因為不完美，營運商就不讓這款遊戲上市呢？當然要上市，遊戲推向大眾，才能知道它到底完不完美。

「細節決定成敗」，這是強調大家在做事的時候謹慎小心，卻不是用完美主義勒住自己的脖子。過分追求完美，很容易傷害與你合作的同事，給他人造成壓迫感。

普拉托里尼說過：「即使在一粒最好看的葡萄上面，你也會發現幾個斑點。」在這個世界上，不管是人還是事，都不可能是完美的，而追求完美的結果也許只能是失望而已。

一個男人到婚姻介紹機構找自己的另一半，結果面對他的只是兩扇門，一扇上面寫的是「美麗的」，另一扇上面寫的是「不太美麗的」。男人不由地推開了「美麗的」那扇門。進去之後迎面而來的又是兩扇門，一扇上面寫的是「年輕的」，另一扇上面寫的是「不太年輕的」。男人毫不猶豫選擇了「年輕的」那扇門。沒想到迎接他的還是兩扇門，一扇上面寫的是「有錢的」，另一扇上面寫的是「不太有錢的」……如此一路選下去，男人前前後後推開了九道門。當他推開最後一道門的時候，上面寫的卻是：「您所追求的過於完美，請到天上去尋找吧！」

追求完美是人的天性，但我們需要知道的是，這世間並不存在十全十美的事物，包括我們自身。在做任何事的時候，都要掌握好適當的分寸，懂得適可而止，不要過度追求完美，不然的話，極致的完美就變成了極度的缺憾。

學會承認不完美

最受美國民眾喜歡的甘迺迪總統，恐怕是美國歷史上最為傳奇的一位。雖然民眾對他的喜愛程度很高，但他自己並不是一位追求完美的人。他曾經試圖從豬灣入侵古巴，結果卻是慘敗。這次事件並沒有改變甘迺迪在民眾心目中的形象，相反，他在大家心目中的領袖地位更加的牢固。這次事件使民眾明白，一向在電視媒體中被描繪得完美無缺的總統，也會犯一些錯誤的。而且甘迺迪總統在事後勇敢地承認自己的失誤，這讓他離民眾的距離更貼近了。

社會心理學家阿龍森曾做過這樣一個實驗：在一個競爭激烈的演講比賽上，有兩位選手，他們之間的能力不相上下。在比賽過程中，其中一位不小心打翻了桌子上的水杯，而另一位則表現正常。如果在這樣的情況下，你會選擇哪一位呢？

實驗結果顯示：出現了小失誤的那名選手更受歡迎。這個實驗給了人們一個深刻的提示：小的失誤不僅不會損害我們的形象，反而會使人變得更加有吸引力。

有一個叫琳達的女孩，她長得非常漂亮，但私生活卻混亂不堪。她在一個偶然的機會中閱讀了一本打動她心靈的書，於是她找到了心理學家，想讓這位心理學家幫助她改變自己。

經過心理學家的觀察，他發現琳達其實是一個非常出色的女孩，她極具運動天賦，學習也非常優秀，連她的姐姐都會嫉妒她。當心理學家在給琳達做測試時，她哭著寫下了一段話：你信任我，沒有把我看成是一個壞女孩。你給了我希望，但是卻讓我看到了真實的世界和自己，我恨你！

然而十年後，當心理學家再次與琳達相遇時，他完全沒有認出來。現在的琳達神態自若，神采奕奕，絲毫不再是當年的那個自暴自棄的女孩。琳達對心理專家說：「十年前我非常恨你，因為你讓我看到了自己是一個什麼樣的人，這是我一生中都難以忘記的。但是我也非常感謝你，讓我重新對自己有了新的看法。其實，承認自己的缺點真的是一件非常簡單的事情。」

這個故事提醒我們，承認不完美，你才會打開心扉，逐漸接納自己的缺點和錯誤，讓心靈得到真正的自由。相反，一味追求完美的人，只會陷入煩惱與焦慮的情緒中不能自拔，而且這樣的人要不是生活在恐懼中，就會是生活在抱怨中。

幸福不是被災難謀殺，而是被小錯分解

歐尼斯特．蒂姆尼特有句名言——幸福不是被巨大的災難或者是致命的錯誤扼殺的，而是被不斷重複出現的小錯一點點分解掉的。這句話非常正確，通常毀了我們幸福的並不是什麼重大災難，而是一些雞毛蒜皮的生活瑣事。也許你會因為好友的一次失信而耿耿於懷，也許你會因為同事的一句玩笑話與之大打出手，也許你會因為妻子的一聲抱怨而震怒……這些不起眼的小錯在無形中摧毀了原本和諧的氛圍與幸福感，請你在意它們！

細節可以打敗愛情

最近大陸有一部名叫《裸婚時代》的電視劇，描述的是兩個相戀八年的有情人在無房、無車、無存款、無鑽戒、無婚禮的狀態下終成眷屬，變成「裸婚一族」。但是現實生活並沒有讓這對真心相愛的情侶在婚後感受到甜蜜與幸福。婚後，由於在生活習慣上的差異，加上物質壓力，兩人選擇了離婚。

故事中男女主角不顧一切地選擇對方做為終身伴侶，可算是牢不可摧的真愛。然而，面對婚後生活中的諸多細節時，他們的真愛卻被無情地打敗。婆婆家的節儉生活作風讓一直嬌生慣養的女主角不習慣，對丈夫心生愛慕的女同事讓女主角胡思亂想，懷孕沒錢生孩子的壓力更是讓她焦頭爛額。雪上加霜的是，雙方父母曾經有過過節，在孩子結婚後也不理解和包容，總是用自己的想法和方式去評價對方，搞得家庭氣氛十分緊張。

女主角的孩子出生前，雙方父母因為男主角的過錯大吵特吵。孩子出生後，又因為尿布的問題產生衝突。兩個年輕人在忙亂繁瑣的現實生活中也變得焦躁不安起來，他們為了哄孩子的問題喋喋不休，為了維護自己的父母而發生爭執，甚至因為孩子的取名問題破口大罵。雙方在生活細節與現實壓力的作用下產生了諸多不理解、不接受、不妥協，最終走上了家庭破碎，毀滅幸福的道路。

當初，男主角在大庭廣眾之下的求婚告白曾令很多人為之動容。「別怕，有老公在！」這句充滿了責任與擔當的話，最終還是被現實生活中不起眼的細節磨滅了。看過之後，我們不禁會問：為什麼明明相愛的兩個人會被細節輕鬆打敗？

現實生活中難免會有不如意的事情發生，它就像一塊黴菌斑，落在叫做幸福的乳酪上。如果兩個相愛的人都找不到合理的方式對待對方，也都不願意為對方放下自我，那麼就會讓這塊黴菌斑慢慢擴大播散，最終把乳酪腐蝕掉。如果我們能夠從自己做起，放下攀比、扔掉抱怨、趕走責備，用一顆寬容的心來理解對方、包容對方、鼓勵對方，那麼這塊叫做幸福的乳酪才會被放入真愛的冰箱，得到真正的呵護。

幸福很堅強，它能在大災大難面前挺胸抬頭；幸福很脆弱，它可以輕而易舉地被一些細節打敗。請珍惜眼前所愛的人，嘗試包容與接納對方的一切，為自己的幸福來保駕護航！

信任危機毀滅幸福

大陸某電視台在一檔情感節目中曾邀請過這樣一位女嘉賓，她講述了自己的失敗婚姻：丈夫的職業是銷售人員，經常要陪客戶或上司到一些餐飲娛樂場所。由於工作的關係，丈夫經常早出晚歸，即便這樣，半夜到家了他還抱著手機聊個沒完。這些行為令妻子十分反感，她曾多次向丈夫提出自己的願望，請他適當放下工作，多關注一下家庭和自己。誰知丈夫雖然滿口答應，行動上卻沒有做出絲毫改變。久而久之，妻子對丈夫產生了不信任，她懷疑丈夫是否真的在忙工作，會不會外面有了別的女人。於是，她用盡各種辦法打探丈夫的隱私，盜取MSN密碼，查詢電話簡訊，甚至還偷偷跑到丈夫的公司瞭解情況。無辜的丈夫最終發現了妻子的舉動，一怒之下，辦理了離婚手續。

幸福的婚姻往往建立在彼此信任的基礎上。如果你發現自己的另一半出現了怪異的行為和舉止，或者是令自己不滿的舉動與習慣，首先要做的就是冷靜，並告訴自己：我是信任他的。

然後用理解和寬容的態度與對方交流，來化解這場危機。

不光是在情感問題上，信任在工作中也佔有著舉足輕重的地位。網路上曾經盛傳過一些「職場評語黑話」。它的意思就是說，上司的那些看起來像褒義的評語其實是在暗中貶低你。比如，「一般員工」就是說你「不夠聰明」，「工作出色」就是說你「目前還沒犯過什麼錯誤」，「思維敏捷」其實是在說你「犯錯時總能迅速找到藉口」。此消息一出，令無數職場新人不知如何是好。

這些看起來好像網友調侃的話語卻恰恰反映了當今職場中的真實現狀。剛剛進入公司的新員工首先會被人事部門不信任，懷疑他的學歷是否真實。其次，這位員工還會被同事不信任，懷疑一個新人能做得了什麼。最後，老闆也會對他產生信任危機，考慮是否要繼續留用此人。就這樣，我們每天都在猜疑與被猜疑中惶惶度日，變得神經兮兮。

我們每個人都很在乎自身的感受，渴望得到別人的認同。這種潛在的心理如果控制不當，就會對他人過分防備，進而讓對方產生懷疑，造成了信任危機。因此，化解危機的首要方法就是控制自己，明明白白地說話，坦坦蕩蕩地做事。從根本上消除對方的疑慮，重新建立彼此的信任關係。

莫讓雞毛蒜皮粉碎快樂

在日常生活中，我們常常會因為一些不起眼的小事而壞了原本不錯的心情。工作時，同事一句無心的玩笑話讓我們聽起來感到刺耳，隨後與之發生爭執，搞得辦公室烏煙瘴氣。回到家後，妻子說飯菜是自己做的，洗碗的工作理應交給丈夫負責。在外奔波了一天的丈夫又會憤憤不平，開始與妻子發生爭吵，鬧得十分不愉快。

新聞中曾經報導過這樣一對夫妻，他們相戀兩年後步入了婚姻的殿堂，兩人門當戶對，十分恩愛，但卻在婚後一年就分道揚鑣。這對夫妻在婚後並沒有出現第三者、家庭暴力等原則性問題，導致離婚的真正原因竟然是他們在討論誰該為誰削蘋果的時候發生爭執，最終各奔東西。

婚姻原本是幸福與甜蜜的延續，有人卻親手將它變成了愛情的墳墓。職場應該是表現個人水準、提高個人能力的角鬥場，有人卻將它改造成陰森的恐怖地帶。要知道，像第三者插足、同事的惡意陷害、家庭暴力等令人無法忍受的原則問題不可能總發生在我們身邊，真正粉碎我們幸福生活與快樂工作的，正是那些微不足道的「雞毛蒜皮」。

一件小事可以成就一個人，也可以毀掉一個人。當我們為誰做飯誰洗碗的問題與配偶產生衝突，為會議上同事的一句指責而耿耿於懷，為對方的一次無意超車而奮起直追破口大罵時，我們應當捫心自問：「這件事真有那麼嚴重嗎？」

無論是在生活還是在工作中，如果我們凡事都在意，什麼都計較，那麼我們失去的註定會比得到得多。最重要的是，在這個斤斤計較的過程中，我們失去了人生中最重要的因子——快樂。真正成功的人不是因為他的運氣有多麼好，而是因為他所計較的東西有多麼少。

想成為一個有所成就的快樂者，就要卸下心靈的包袱，在人生的坦途上輕裝前進。學會用不計較的人生態度為人處世，你會發現，幫助愛人做飯洗碗時的自己是快樂的，包容同事接納意見時的自己是成熟的，理解並原諒對方無意超車時的自己是和善的。用超脫、坦然的態度去面對人生，不再讓雞毛蒜皮的小事擾亂心志，這才是心靈的最佳狀態，也是幸福快樂的無盡泉源。

別用放大鏡看生活

別總為自己幾次的成功而沾沾自喜，它們並不能代表你就是個天才；也不要在經歷幾次挫折與失敗後就墜入痛苦的深淵，彷彿自己生來就是個成事不足敗事有餘的廢物。

無論好的或是壞的，幾次失敗和成功根本說明不了什麼，它並沒有任何可參考的價值，也並不能代表某種趨勢。所以，請不要帶著放大鏡看待生活！

吹捧自己的「偽快樂」

劉佳成是一名開朗、率性的小夥子，剛剛跳槽到一家新公司。他對待同事親近和善，十分樂意與人交談。每次和同事聊天，他都會對自己的「曾經」侃侃而談。

他說自己的上一個工作是從大學畢業後就開始做起的。剛到公司的時候他只是一位總監手下的實習助理，但他並不因此而氣餒，反而更加努力。每天都要比其他員工早到公司一小時，提前為當天的事務做好準備，下班的時候也會寫完工作進度表再離開。劉佳成對工作的認真和熱情令總監十分賞識，在試用期未滿的情況下就將他破格轉正了。從此，他更加勤奮，積極協助總監完成每一個工作，還在許多高層面前頻頻露臉，受到了主管們的一致好評。「在我臨走前，老闆說如果我能留下，就讓我坐到總監的位置上。」劉佳成這樣說道。

然而，網路的發達讓我們的生活圈子漸漸縮小。劉佳成的一位現任同事在校友網站中找到了自己多年不見的同學，說來也巧，這位同學正是劉佳成曾經工作公司的人事部職員。現任同事從他的同學口中得知了劉佳成的真實情況。原來，劉佳成確實是一畢業就到了那家公司，也是從實習助理開始做起的，但他並沒有在試用期未滿的情況下被破格轉正。他只是陪同總監去參加了一些高層會議，總監認為他做得還不錯，但這並不能代表高層主管們的賞識。至於辭職前老闆對他說的話，就更是無稽之談了。

這件事在公司一傳十十傳百，變成了大家皆知的秘密。劉佳成這種過分放大自己的優點來進行自我推銷的方式不僅沒有發揮正面的效果，反而讓大家對他產生了諸多不滿。

很多人在描述自己過往的經歷時，總會不自覺地添加一些主觀色彩，想以此來抬高自己的身價和份量。比如，將曾經的男友或女友描述得多麼體貼多麼漂亮多麼帥氣，兩人的分手是多麼曲折多麼無奈，以此來襯托出自己的品味，說明自己並不是一個感情世界中的失敗者。再比如，像劉佳成這樣，把自己的過去描繪得很風光。這一切不就是為了讓別人認為今天的你依然那麼出色嗎？

我們總喜歡用放大鏡觀看自己的優點和成績，然後不厭其煩地吹捧自己，把過去平淡無奇的自我描述得出類拔萃。其實，無論你把自己的曾經描繪得多麼絢麗神奇，事實卻一直在那裡。因此，我們應當抱著實事求是的態度，不誇張、不吹噓，扔掉心中的放大鏡，做最真實的自己。

別讓苦惱沖淡生活

一位少婦憂心忡忡地來到一座寺院，她對方丈說：「師父，我不知道自己怎麼了，白天吃不下飯，晚上睡不著覺，身體總感覺沒力氣，心裡也總是高興不起來。去醫院檢查說是營養不良，有虛火，並沒有其他疾病，您說我這是怎麼了？」

方丈微笑著問：「妳的丈夫對妳好嗎？」少婦回答：「他對我很好，我們的感情也一直不錯。」方丈又問：「你們有孩子了嗎？」少婦說：「我們有一個乖巧懂事的好女兒。」隨後，方丈將兩張白紙放在少婦面前，告訴她：「請妳在其中一張紙上面寫下自己認為快樂的事，在另一張紙上寫下自己認為苦惱的事。」少婦對著兩張白紙猶豫了片刻，然後提筆寫了下去，當她在填寫快樂的紙上記錄一件事時，就會立刻在填寫苦惱的紙上記下另一件事。就這樣，兩張紙都被少婦寫滿了。看著少婦的舉動，方丈笑著說：「妳的病灶找到了。」他讓徒弟拿來一盆清水和一個苦膽，然後將膽汁滴在了清水中，一滴綠色的膽汁浸入清水中慢慢散開，很快就消失不見了。方丈說：「生活就好比這一清水，煩惱就像這苦膽。膽汁少於水，味則變淡。相反，妳的煩惱就會沖淡生活！」

現代人生活在一個競爭激烈、壓力叢生的時代，我們常常感覺到自己很累很疲憊，生活中充滿了種種不如意。其實，這種感受就是由於我們在用心中的放大鏡看煩惱，最終讓自己困苦不堪，無法自拔。

實際上，我們並沒有承受太多的痛苦，生活原本也不是那麼不盡如人意，只是我們沒有學會用快樂的清水去沖淡煩惱的苦味。被主管罵一頓就真的證明你在工作上是個廢物嗎？失戀過一次就能說明你是個感情上的失敗者嗎？做生意賠了就可以認定你終歸是個窮鬼嗎？我們用放大鏡去看待生活中的每一個煩惱，只會加重我們的焦慮和痛苦，最終變得頹廢而不堪一擊。

煩惱不尋人，只有庸人才會選擇自擾。我們要正視現實壓力的存在，把暫時的失敗和無法避免的錯誤看作是人生的常態，不要過分誇大，也不要盲目忽視，淪陷和逃避都只會讓自己越來越痛苦，問題越來越複雜。只有積極找尋快樂的清泉，才能讓我們不再懼怕煩惱和焦慮，走出失落的情緒與陰影。

尋找屬於自己的「小確幸」

最近大陸有一個詞非常熱門，叫「小確幸」，它的意思就是微小而確切的幸福。出自村上春樹的短篇散文集《蘭格漢斯島的午後》。此詞一出，立刻引起了年輕人的廣泛關注，某熱門社區網站上還成立了「小確幸小組」，每天都有很多成員在這裡分享自己的小確幸。

「今天我比鬧鐘先醒了一分鐘，幸福！」「早上買煎餅有雙黃雞蛋，幸福！」「媽媽做了我最愛的叉燒飯，幸福！」「昨天女友發現我的褲子破了個洞，今天早上我穿的時候發現被她補好了，雖然針腳歪七扭八的，但是心裡充滿了幸福！」……這些網友所分享的小確幸，不正是我們真實可觸的生活寫照嗎？它們遠比那些大幸福、大驚喜來得實在可靠。

有些人總愛帶著羨慕的口氣說：「你看他家的日子過得多好啊，小倆口要車有車，要房子有房子，孩子又聽話又懂事，父母身體也健康，真是幸福呢！」其實，我們所理想而渴望的就是這種平常而現實的小日子，它不需要中樂透彩券頭獎的驚喜從天而降，也不想有什麼好事多磨的波折。畢竟，大起大落、波瀾壯闊的人生只是屬於一少部分人，而我們大多數人的生活總是平平淡淡，平凡而又充滿著小幸福和小委屈、小浪漫和小曲折。

發明「小確幸」一詞的村上春樹說，他把洗滌過的潔淨內褲捲好，整齊地放在抽屜裡，這就是一種微小而確實的幸福。一位作家也在自己的部落格中說，他的生活就是一種小日子，寫些小文字，嘮嘮小家常，品品小人生，發發小感慨，玩玩小遊戲，炒幾個小菜，喝杯小清茶，再和妻子生點小氣，製造點小浪漫，這就是他的小幸福。

我們與其盲目而辛苦地追尋那些過大而不切實際的驚喜，倒不如把眼光放到現在，踏踏實實地過好自己的小日子，體會那微小而確切的幸福。

生活其實很簡單，並沒有我們想像中那麼沉重而複雜。我們每個人都有權利根據自己的實際情況去選擇生活。也許對有些人來說，他們的選擇就是大別墅、大汽車、大名牌、大生活，這並沒有什麼不對，只要所追求的東西你能承受得起，並且感覺快樂，那麼就是正確的。當你看見一個男人眉頭緊鎖，坐在豪宅裡一根接一根地抽著菸，當你看見一個女人坐在名車裡放聲哭泣，你就會明白這一切是否真的有意義。

放下那些不必要的壓力和過於沉重的夢想，去選擇本該屬於自己的生活吧！養幾盆喜歡的植物，看一本小書，喝一點小酒，唱幾首歌，你會發現，幸福的種子就在自己心中，無聲無息地生根發芽，生出無限的歡喜。

不要給生活貼標籤

充滿喧囂與挑戰的現實世界中，我們總會產生各式各樣的煩惱。「上司總是不喜歡我」、「那個同事老是跟我作對」、「每次數學考試都不及格，我就是沒有天分」、「小孩子看見我就躲，我真是沒有孩子緣」、「炒股票總是跌，買基金也賠錢，我真是個倒楣蛋」……我們在苦惱於不如意之事發生時，總會在潛意識中為自己貼上「我不行」、「我不好」、「我倒楣」等評價標籤，殊不知這些標籤正在潛移默化地影響我們的生活，腐蝕我們的幸福。

避免僵化地看待一切

國外的心理學家們曾經做過這樣一組實驗，他們分別請來一群不同年齡、不同職業、來自不同家庭的男女，將事先準備好的兩瓶紅酒放到參與實驗的人面前，請他們品嚐，然後選出自己認為好喝的一瓶。實驗的結果很快就被統計出來了，90％的受試者都感覺標價高的那瓶紅酒比較好喝，而另外一瓶標價低的紅酒口味相對較差。實際上，心理學家們在標價高的酒瓶中裝入了劣質紅酒，而在標價低的酒瓶中裝入了上好的紅酒。這個案例足以說明，人們對一件事物的態度與評價，常常取決於以往的習慣和個人的感覺。

在現實生活中，像紅酒測試這樣的案例並不在少數。我們總會在潛意識中用以往的習慣和感覺看待事物，進而形成了一種僵化的態度。我們往往認為名牌產品要比普通品牌的產品品質佳，顏色鮮亮的食物要比黯淡無光的食物更美味可口，長得漂亮的人要比長相一般的人更有人緣……

實質上，這些判斷都不是真實的。羅馬著名哲人艾比克泰德曾有句名言：「對所有人來說，思想和行為都源於一個出處，這個出處就是感覺。」因此，感覺是我們內心世界中的主導，我們的思想和行為都會圍繞著感覺而展開，這是我們戒不掉的。但是，過分地依靠感覺看待人和事，會影響我們對現實生活真實性的瞭解。所以，我們要努力控制好自己的主觀感知與判斷，盡量客觀地面對人和事物。

某女明星的說話聲音十分有特色，有的人說是超嗲娃娃音，有的人說她裝嫩做作。無論她如何努力提高演技，總有那麼一群人認為她不過是個花瓶。在一次明星訪談中，人們瞭解到了這位女明星的真實情況，她舉止優雅，談吐自然大方，有一定的文學修養，曾在加拿大獲得過雙學位。

有時，我們總會因為別人的一句話或一個舉動就在潛意識中認為他不是很好，其實並沒有透過長時間的相處做出更加深入的瞭解。如果有機會與對方交往，也許我們會改變自己的主觀看法。只有一切從實際出發，控制過於僵化的主觀感覺，用客觀的眼光看待周圍的人和事，你才會發現生活遠比想像中的豐富多彩。

習慣讓生活困苦

當微軟公司推出更加便捷、更加人性的新作業系統Windows7時，我曾經問過我的上司：「公司裡很多同事都把自己的電腦換成了新系統，而且都說非常好用，您不考慮嘗試一下嗎？」上司有些不好意思地說：「新系統的功能表位置可能和老系統不一樣，有些命令也會看不懂，還有一些新功能需要學著運用。我怕搞得一團糟，影響工作效率。而且，我已經習慣老系統了，不想再花時間和精力去瞭解這個新事物了。」

上司的回答恰恰代表了生活中大多數人的想法。在需要動筆記錄的時候，我們總是迅速用右手拿起筆，在紙上流暢地揮舞起來（左撇子除外）。但是你是否想過，為什麼會用右手寫字？這個問題也許讓你感到可笑，你會毫不猶豫地回答：「因為我從小就習慣用右手寫字啊！」實際上，我們養成了用右手寫字的習慣，就是對右手的一種依賴，這種習慣讓我們不再考慮左手是否也同樣具有書寫的功能。久而久之，我們的左手就喪失了書寫的能力。

習慣讓我們對身邊的環境和事物產生依賴，最終影響了生活，讓我們變得困苦，甚至無路可走。

循規蹈矩、按部就班的生活方式有時候能讓我們感到輕鬆快樂，但這並不是良好的生活狀態。就好像經過一片碧綠的草地，如果上面沒有路，我們就會任意地行走通過。如果草地中出現了一條被人踩過的小路，我們常常會選擇從這條路上通過。由此可見，這條小路對我們的思維和潛意識造成了限制。有研究顯示，人類過於依賴習慣會使大腦喪失許多功能，如創新的功能、發現的功能等，最終會讓我們失去獲得快樂的功能。

習慣常常讓我們感到困苦，讓我們無路可走。為了享受快樂的人生，創造事業上的佳績，做喜歡做的事情，我們就必須突破自己所養成的習慣。千萬不要認為那些推陳出新的好想法和好創意與自己無緣，那些發明擠牙膏器、感應垃圾桶、防勒手購物袋的人不正是生活在我們身邊的一般人嗎？要知道，這世界上有很多地方並不是無路可走，而是我們的習慣與依賴性讓我們看不到前方有路。只要我們放下心中的恐懼，勇敢地嘗試和接受新鮮事物，才能激發我們每個人的潛在能力，讓大腦碰撞出神奇的創意火花。

撕下厄運的標籤

蓉蓉是一個嬌小柔弱的單身女子，她的五官清秀，皮膚白皙，可以算是個清純美女了。可是她卻說自己是「人生茶几上那個最大的杯具（悲劇）」。朋友們都不明白這樣的小美女怎麼會如此評價自己，蓉蓉給大家解釋道：「我的右眼角下有一顆痣，媽媽曾經帶我去算命過，大師說這顆痣叫淚痣，是不好的兆頭，預示著我這一生都不會太順利，也不會有什麼好運。畢業以後，我到一家公司做秘書，上司總覺得我不夠自信，工作也不夠積極，而常挨罵。我覺得大師說得對，我的人生註定不如意，所以我對上司的批評也不會太在意。前些天有個男士追求我，他有房子有車，工作很好，長得也挺帥。可是我總在想，我這個倒楣蛋怎麼會有這麼好的運氣？猶豫了好久，我選擇了拒絕。」

蓉蓉的話讓做為朋友的我們瞠目結舌，可是平心靜氣地想一想，像她這樣為自己親手貼上厄運標籤的人並不在少數。我們常常能聽到家長數落孩子「每次考英語你都不及格，你就不是學英語的料！」還能聽到某些投資失敗者說「我買哪支股票哪支就跌，我一賣它就漲，我真是太倒楣了！」在說這些話的同時，他們就已經在不知不覺中為自己或者別人貼上了「不是這塊料」、「倒楣蛋」、「沒運氣」等厄運標籤，將幸福拒之千里之外。

有的時候，並沒有什麼所謂的厄運追逐我們，反而是我們自己正在親手製造不幸。當幸福向你伸出召喚之手時，如果你的內心被自己或他人貼上了厄運標籤，那麼你就會給幸福一巴掌，將它打了回去。

幸福是個啞巴，它在來臨時不會熱情而誇張地向我們打招呼，離去的時候也不會向我們進行說明與告知。正因如此，我們更應該努力地尋找它、抓住它、珍惜它。不相信自己的人是得不到他人信任的，不愛自己的人也不可能會愛別人。別再傻傻地以為別人說自己是什麼，自己就是什麼，也別憑藉僅有的幾次失敗或不如意，就為自己貼上否定的厄運標籤！

Chapter 2

人生是漫長的旅途

——如何才能抵達幸福

不做迷失方向的飛鳥——發現、認識自我

我們在遇到困難和挫折時，總是本能地求助於外在因素。漸漸地，這種基因模式在我們的潛意識中悄然形成。它使我們喪失了心志，迷失了自己。只有控制不良的基因模式與思維，才能走出錯誤，發現自己內心的強大力量。

掙脫基因的束縛

大陸有一檔收視率超高的搞笑節目，每期會邀請幾名當紅搞笑明星，分別在商場、公園、鬧區等公共場合進行整人。記得在一次節目中，某男搞笑明星事先混入一條繁華喧鬧的步行街道的人潮中，然後突然指著天空發出一聲驚叫。只見他周圍的人像失了魂一樣，有的立刻抱住了頭部，有的也跟著大叫起來，還有的拉著朋友拔腿就跑。實際上，天上什麼也沒有，這只是一個惡作劇。

透過這場鬧劇我們不難發現，周遭事物與他人的動態會激發我們潛意識中的反射。這種衝

動的行動方式來自每個人的基因，也是一種本能。就像害怕狗的人見到狗就會逃跑，討厭蟑螂的人看見廚房裡的蟑螂就會尖叫，行走在身邊的人突然奔跑起來，有的人也會不明原因地跟著跑……我們在突發情況面前感到恐懼和威脅時，基因就會自動做出本能反應，幫助我們快速走出不安的處境，遠離痛苦與風險。然而，這種基因模式在救助我們的同時也矇蔽了事實和真相，狗和蟑螂真的那麼可怕嗎？身邊的人為什麼奔跑？遇到突發情況，如果我們不能保持冷靜的頭腦，就會受到基因的擺布，迷失了自己真正的方向，變成整人遊戲中的笑料。

不僅如此，在生命和財產遇到威脅的緊要關頭，我們的基因也會做出相對的反應。比如，一個不會游泳的人落水後，出於恐懼的心理，他會本能地將求助對象指定為好心的路人或巡邏的救生艇，進而拼命地掙扎呼救。結果，原本離岸邊不遠的他漂到了河中央，等到救援隊到達時，他已經筋疲力盡，奄奄一息了。再比如，一位女士在私家車中遭遇匪徒劫持，她本能地想到向警方求助，於是不顧一切地大呼救命，最終激怒了歹徒，將她勒死在車中……

在遇到危險和突然變故時，我們總是最先想到求助於他人，在不知不覺中受到基因的擺布，迷失了自我。如果我們能夠擺脫基因的束縛，遇事保持冷靜的頭腦，並對事態進行客觀的分析，就能做出合理的判斷與行動。當你把首要求助的對象變更為自己時，你會發現事情並沒那麼恐怖，也許伸一伸手就能夠到岸邊，在與匪徒巧妙周旋時就能尋找到恰當的時機呼救。

斬斷偽裝的思想

神奇的大自然中有一種蜥蜴科爬蟲，名叫變色龍。牠的特別之處就是能夠透過植物神經系統控制含有色素的顆粒細胞，擴散或集中細胞內的色素。同時根據光線、溫度、情緒等因素，變化成各種不同的顏色與花紋斑點。變色龍透過偽裝讓自己與背景混為一體，進而輕鬆地捕獲獵物，逃離險境。如果我問你「知道變色龍原本的膚色是什麼顏色的嗎？」你該如何回答？

現實的殘酷和生存的壓力常常讓人感到迷茫與焦慮，為了適應所處的環境、維護眼前的人際關係、迎合某些場合與氛圍，我們學會了帶面具，像變色龍那樣藉助偽裝的力量達到自己的目的。為了適應嚴謹的工作環境，職場新人們用一張穩重踏實的面具掩蓋住活潑可愛的笑臉；為了討心愛的人歡心，追求者用甜言蜜語、吹噓奉承掩蓋住內心真實的態度和想法；為了成為形象正面的民眾人物，明星們用華麗的外表與演技藏起那些不堪回首的過去與令人瞠目結舌的幕後故事……透過偽裝，我們獲得了良好的人際關係，得到了主管上司的賞識，擄獲了戀人的芳心，贏得了大眾的掌聲，享受到了偽裝帶給我們的快樂與滿足。漸漸地，我們習慣了帶著面具過活，習慣了見人說人話，見鬼說鬼話的日子，甚至愛上了這種虛偽的滿足和充滿假象的生活。當浮華掠盡，寧靜的夜晚來臨，我們回到屬於自己的空間中，不禁捫心自問：「還記得真正的自己是什麼樣子嗎？」

有的人說：「在習慣帶著面具生存之後，我發現摘下面具後的臉與面具是一模一樣的。」

的確，在偽裝的基因模式下，我們常常將迎合外界與他人做為目標，放在行動的首位。久而久之，過分重視外在世界就會形成一種思維習慣，使我們看不到自己真正的模樣。同時，由於對偽裝的過分依賴，導致面具下的「真我」變得越來越無力，進而扭曲了人格，變得越來越不認識自己。這就是為什麼常常看到有人在部落格上寫自己：「從前那個活潑外向、愛哭愛笑、自信滿滿的我哪去了？」「我越來越討厭現在的自己了！」

其實，殘酷的現實教會我們的並不是如何選擇面具，而是怎樣勇敢的面對。只有我們用堅決的態度放下偽裝的思想，才能找回迷失的自我，還原本來的模樣。在屬於「我」的人生旅途中實現夢想，擦亮生命之光。

迷失自我與發現真我

很久以前，有一位差官要去捉拿當地寺廟中一個犯罪的和尚。他背著包袱，拿著雨傘，帶上枷鎖，還有捉拿和尚的文書上路了。

差官很快就到了寺廟，將和尚捉住，並給他套上了枷鎖。在返回衙門的途中，差官擔心自己遺漏掉東西，就在口中不停地碎碎唸：「包袱雨傘枷，文書和尚我……」走著走著，差官打算在途中的一家客棧歇腳。和尚自掏腰包請差官吃飯，說是要犒勞他一路的辛苦。差官接受了和尚的好意，不知不覺中喝得酩酊大醉，倒在床上睡著了。這時，和尚偷偷把枷鎖取下，套在差官的脖子上，還把差官的頭髮剃光，給他套上了僧袍，隨後逃之夭夭。

第二天清晨，差官酒醒後下床，急忙檢查自己的東西。他自言自語道：「包袱雨傘枷，文書和尚我……」突然，他大聲驚叫起來：「我呢？我怎麼不見啦？」

這個小故事看起來很搞笑，可是其中的道理卻很深奧。在滾滾紅塵中忙碌的我們很容易被錯覺和慾望擾亂心智，糊裡糊塗地做人做事，最終迷失了原本的那個「我」，成了故事中的傻差官。

只有明確自己的人生目標，並養成經常自查自省的良好習慣，即時修正錯誤的觀念與態度，才能把握好方向，避免迷失在人生的旅途上。

在自我控制的同時，我們還要堅持不懈地向自己的人生目標前進。除了文化水準、能力素質等條件外，內心也積蓄著強大的能量，為我們提供了源源不斷的精神動力。強大的內心力量別人雖然搶不走，但我們往往會在迷失自我的同時自願放棄了這份可貴的能量。因此，發現自我就顯得尤為重要。

一位IT公司的CEO平時不苟言笑，十分拘謹，但在一次集體郊遊中，他率先登上一座山峰，還在平坦的山頂上放起了風箏。他一邊跑一邊放聲大笑，快樂得像個天真無邪的孩子。回到公司後，他在自己的部落格中寫道：「原來我也有這樣的一面！」

一位從槍林彈雨中走出來的軍人在妻子生產時親眼目睹了分娩的全部過程，當他抱著自己剛出世的孩子時，流下了激動的熱淚，他哭著對妻子說：「沒想到我也會哭！」

一個身材嬌弱的女士路過一棟大樓時聽到樓上在吵架，突然，一個嬰兒從樓上掉落下來，她毫不猶豫地衝了上去，用自己的雙臂接住了孩子。孩子的生命保住了，但女士的雙臂卻被診斷為粉碎性骨折，躺在醫院的她笑著說：「原來我也可以這麼勇敢！」這些平凡人在一瞬間發現了從未遇見過的自己。

其實，真正的「我」就藏在心靈深處，只要我們能在行色匆匆的人生旅途中放慢腳步，細細品味，就能在自然中、在生活中、在工作中發現與開拓不一樣的真我。這個「我」不是救世主，也不是可憐蟲，它就是我們發自內心的本真。

生活在當下——人生每天都是現場直播

你是否常常為周密的計畫趕不上突如其來的變化而手足無措心生煩惱？是否會因老觀念舊思想而終止了創新的意識和想法？其實，人生的每一天都是現場直播，你永遠也無法確定下一秒會發生什麼。既然如此，不如保持一顆樂觀常態的心，享受當下的真實。

不要過分依賴計畫

為了讓未來的生活更有保障，我們常常制訂出各式各樣的計畫。選擇工作時，我們會關注該公司是否拖欠薪資，保險等福利待遇是否完善，所在工作崗位是否有提升的空間；挑選伴侶時，我們會在意對方是否有車有房，工作和收入是否穩定；安排生活時，我們也希望一切井井有條，運籌帷幄。比如，大部分人都喜歡規定好自己的上下班路線，這樣就能清楚地知道出門穿過兩條街到達××公車站，乘坐三站後下車換捷運線，5站後從捷運二號出口出來向東步行200公尺到達公司。如果沒有特殊情況發生，我們就能準確地把握上下班途中所用的時間，前後不會超過10分鐘。因此，我們常常習慣於按照計畫中的路線行走，而忽視了其他途徑。

其實，新的路線並不見得有多難走，也許它要比我們設計好的路線更加便捷。說不定新的路線上有我們愛吃的特色餐館，有遮蔽陽光的林蔭小路，還說不定能偶遇多年不見的老同學。遺憾的是，大部分人一直沒有勇氣走向這條新的路線。

由於我們對新鮮事物不熟悉，導致對計畫的過分依賴，進而失去了很多人生的驚喜與快樂。就像幾米的漫畫《向左走，向右走》中的那對男女，只因為一個習慣向左走，一個習慣向右走，而錯過了無數次遇見的機會。過分的依賴計畫和安排，會讓我們越來越害怕未知的事物，越來越不敢嘗試，最終變成禁錮在玻璃缸中的金魚。

古時候，有位門庭顯赫的大財主，他的膝下有四個兒子。三個親生兒子整天好吃懶做，不學無術，一個撿來的養子則酷愛文字，飽覽群書。

一天，財主對兒子們說：「你們四個一起到江邊捕些魚回來，誰捕的多，我就把家產分給他一半。」四個兒子領命後，向江邊走去。由於連降大雨，江水暴漲，變得洶湧湍急，就連住在江邊的漁民也無法捕撈。萬般無奈之下，四個兒子只好轉身回家。財主向他們詢問捕魚成果，三個親生兒子你一言我一語地講述了江水洶湧無法捕魚的事情，只有養子站在一邊默不作聲。當財主問他為什麼不說話時，養子從懷裡掏出幾個粉紅圓潤的蜜桃說：「父親，我見江水湍急，根本無法捕魚，就沿著江邊往家走，途中看見幾棵果實成熟的桃樹，就摘了幾個桃子帶了回來。」財主聽後十分高興，當即決定將家產的繼承權給了這位養子。

如果我們過於依賴計畫，當發生了不可預測的意外時，我們就會像財主的三個親生兒子一樣感到束手無策，最終計畫泡湯。相反，如果我們能夠像那位養子一樣，隨變化而改變計畫，隨時隨地把握身邊的時機，最終一定能有所收穫。

每個人的生活都不是一條設計好的路線圖，我們千萬不要把自己限制在其中。適當地擺脫計畫與安排，嘗試接受新鮮事物，我們就會發現生活中的精彩與機遇無處不在。

舊觀念讓我們停滯不前

張小逸是一位非常有思想有主見的年輕人，畢業後透過工作累積了人脈，也有了很不錯的商業頭腦。一次偶然的機會，他以較低的價格租下當地某條街上的一處店面。朋友們都說：「這間店面的位置不好，門前也沒有停車位，之前租過的人都是賠本離開的。如果真能盈利，人家才不會這麼便宜就租給你呢！」對此，張小逸只是笑而不語。

不久後，店面開始裝修了，鞦韆式的座椅，現代感十足的吧台與烤爐，再加上溫馨的燈光，華麗的酒架，儼然一副歐美鄉村小酒吧的模樣。張小逸把它定位為年輕人聊天交友的地方。開業後，很多年輕人都來此光顧，沒過半年，餐館就開始盈利了。每逢週末，來這裡用餐都要排號等位，夏天更是每日爆滿。當朋友們向張小逸討教生意經時，張小逸說：「大家都認為這個店面位置不好，誰租誰賠，但那只是你們的舊觀念，並不是事實啊！」

我們之所以認為很多事情不可能成功，是因為過去的某些感知經驗在作祟，讓我們把本該有的希望終結在了自己的大腦中。老思想和舊觀念禁錮了我們原本強大的認知能力，使我們對人和事物產生偏見，被迫活在自己的想像中，無法感受當下真實的生活。

在感情世界中，我們常常能聽到有人絕望地說：「經歷一次失敗的愛情，我不再相信世上還有真愛。」這種思維就是典型地用舊觀念來衡量一切新事物的表現。河水是流動的，我們永遠不可能兩次踏入同一條河。同樣，曾經的感情並不能代表所有的感情，也並不是所有的感情都像曾經體驗的那樣。如果我們能夠放下過去的經驗，勇敢地面對當下，我們就會發現，下一場戀愛也許更美好。

實際上，我們的大腦對事物的感知有兩種路徑，一是藉助過去的經驗，二是認知當下。不可否認，憑藉以往的經驗來判斷當下的事物是我們認識事物的快捷方式，它能讓認知過程由繁入簡，但是與此同時，它也會干擾我們對新鮮事物的瞭解和判斷。如果我們能夠放下舊思想，直接面對現實世界，全然地感受當下，就會走出思維的禁錮，為人生注入新鮮的血液。

全心全意，活在當下

某日，一個佛家弟子衝進了師父的禪房，焦躁地說：「師父，您說只要每天用心誦經唸佛就能悟出生命的意義，我已經這樣堅持了一個月，為什麼還是沒有收穫，請您開示！」

師父微笑著對徒弟說：「用心則成。」徒弟接受了師父的教誨，回到禪房繼續誦經。一個月後，這位弟子再次來到師父面前，不安地說：「師父，我還是感到一無所獲。」師父和藹地說：「用心則成。」無奈的弟子只好又唸了一個月的佛經，仍然無法體會生命的意義。其實，他根本沒有理解師父的話，也沒有弄清楚「用心」的含意，只顧盲目地讀誦經文，卻未曾用心去感受字裡行間的意義，最終無法開悟。

生活中的大多數人也像這位佛門弟子一樣，每天機械而麻木地重複著吃飯、工作、趕路、睡覺，只顧著用身體過日子，卻忘記了用心生活。其實，生活中有很多精彩的橋段，也有許多感動的瞬間，只有當我們全心全意地把自己置身於那一刻，才能真實地感受到當下。我們都有過這樣的感受：明明是幾秒鐘幾分鐘的時間，卻感覺像是幾個月、幾年、甚至一輩子那麼長。比如盼著丈夫回家的妻子、靜候評審打分的選手、站在手術室外等待結果的家屬。他們之所以會有這種時間拖延的感覺，正是因為當時的心思與情緒得到了高度的集中與凝聚，整個人、整顆心、所有的感情都完完全全地傾注到了當下的瞬間裡。也正是如此，他們得到了最真切的體驗。

夏天游泳戲水，冬天溜冰滑雪。活在當下，就是用心做我們該做的事。很多人在小的時候希望長大，總學著大人的樣子辦事說話，失去了純真。也有很多人在上了年紀以後渴望年輕，便打扮得花枝招展，言談舉止也頗顯幼稚。其實，生老病死是每個人的必經之路，何必如此強求呢？不如跟隨人生的「節氣」，全心全意地做好當時的自己。

「明日復明日，明日何其多」，實際上，明日根本就不存在，只是我們內心中的一種嚮往與期待，它到來的時候就已經被稱為今日了。同樣，昨天也是不存在的，它永遠都是完成式。因此，只有活在當下的人才能尋找到生命的意義。

喚醒沉睡的心靈，接受內在的真我

我們通常會用指責、抱怨等極端的方法來獲得他人同情，來安慰脆弱的自我。久而久之，這種負面的情緒就會令他人反感，對我們敬而遠之。因此，我們要控制思想與情緒的干擾，學會跟自己對話，喚醒沉睡的心靈，感受內在的真我。

不做乞討「偽快樂」的可憐蟲

同事阿傑是一位工作上進、積極努力的好員工，在公司中人氣很旺。某天下班後，老闆邀約大家一起聚餐，阿傑也應邀加入。當晚氣氛十分融洽，同事們聊得不亦樂乎。就在大家說起自己的居住環境時，阿傑一臉委屈地說道：「我租的房子旁邊在蓋新樓，工地上的機器整天嗡嗡作響，吵得我週末都沒辦法睡懶覺。而且外面塵土飛揚，我連窗子都不敢開。到了晚上，工人們都坐在工地外面抽菸聊天，我從他們面前經過總是害怕有意外發生。真受不了這種日子！」同事們聽後都很心疼阿傑，但也向他提出了疑問：「既然房子是租的，環境又那麼惡劣，為什麼不考慮搬走呢？」

很多時候，我們就像阿傑一樣，明明自己有選擇的權利，卻沒有做出任何行動與改變。當理想與現實的差距過大時，我們常常喜歡使用指責、抱怨等極端的方法來取得他人的同情，以此來讓自己感到欣慰，獲取短暫的偽快樂。實際上，這種偽快樂是十分不可取的，也是極具毀滅性的。我們在埋怨的同時也在自我製造痛苦的感覺，因此，我們就首先成為了指責的受害者。

如果我們的同事向我們抱怨：「我在這個公司做了這麼久，沒有功勞也有苦勞啊！老闆為什麼總是裝作看不見，不給我調薪，只給我加工作量！」如果我們的好友向我們抱怨：「每天上下班搭乘火車都要擠得你死我活，為什麼不能多加幾班列車呢？」如果身邊的人都來向我們抱怨，請問你還會感到快樂嗎？

其實，我們的抱怨聲中隱藏著真正的含義：「我是受害者，在我身上發生的一切都是那麼無奈，我是無辜可憐的，我需要安慰。」然而，傾聽者往往不會這麼認為，反而覺得只會抱怨而不去想辦法改變的人是軟弱無能而且可悲的。透過指責和抱怨，我們獲得了他人的安慰，也擁有了偽快樂帶來的滿足感。但是，為了追求這一點點良好的感覺，而被朋友們孤立，被同事們反感，實在是有些不划算。

與其可憐地向別人索求快樂，不如把手伸向自己。如果工作待遇不如意，我們可以找人事部門或自己的上司談一談；如果上下班途中太擠太塞，我們不妨更換其他交通工具，或者開發一條新的路線。如果我們可以合理地運用選擇的權利，把不盡如人意的現狀努力加以改變，抱怨與指責就會銷聲匿跡。

學會和自己對話

獲得快樂與成功的方法和途徑很多，但最基本的是要依靠內心的力量，用心做人，用心做事。要想集中自己的思想，把能量用在有意義的地方，我們首先就要斬斷錯誤的意識，避免盲目的行為出現。其次，我們還要關注自己的內心世界，發現自我的真實意圖與想法，弄清自己到底想要什麼。

想要斬斷錯誤的意識很簡單，只需要時常問自己一個問題：「我在做什麼？」能否回答得出來並不重要，重要的是，在我們思考問題的瞬間，盲目的無意識狀態得到了遏止。當我們在會議中發呆的時候，對著電腦螢幕發愣的時候，在吸菸室吞雲吐霧的時候，握著方向盤一臉呆滯的時候，看見美女胡思亂想的時候，不妨問問自己這個簡單的問題：「我在做什麼？」這短短的五個字就會像警鐘在耳邊敲響，切斷了我們錯誤的思想，讓我們重新保持清醒。如果能夠將這種捫心自問的行為養成習慣，我們就能即時攔截大腦的錯誤意識，有效避免內心能量的浪費。

當我們控制好本心，勒緊了思想的韁繩後，還需要清晰地明白自己的真正意圖與追求，這樣才能認識真正的自我，喚醒內心的力量。如果某些想法並不是來自我們的親身感受，那麼這種意念多半是外在世界給我們的影響和控制。因此，我們需要時常問自己：「這確定是我想要的嗎？」

一個青年男子在駕車途中不小心撞倒一個女士，隨即將她送往醫院，還好並無大礙。一來二去中，兩個年輕人漸漸熟絡起來。男青年把他和女士相識的故事講給了自己的哥兒們聽，大家都認為這是一場天賜良緣，應該把握住機會。在朋友們的鼓勵下，青年男子對這位女士展開了猛烈的求愛攻勢。經過一年的追求，女士總算接受了男青年的愛意。可是男青年有些猶豫了，因為在這一年的追求中，他漸漸瞭解到對方的愛好和習慣，發現兩人根本就不是同個世界的人。如果當初能夠問問自己：「這確定是我想要的嗎？我是真心喜歡她，還是應該喜歡她？」男青年也就不至於浪費一年的時間和感情了。

簡單的問題反而更容易讓我們接受，進而看清自己的真實內心世界，瞭解自己的本意和想法。養成與自己對話的習慣，可以幫我們走出迷失自我的困境，排除外在的干擾。

把握生命中的每一刻

把一條金魚放在盛滿冷水的燒杯中，然後點起酒精燈進行加溫，觀察金魚的反應。由於水溫升高緩慢，一開始金魚並沒有任何察覺，依舊在燒杯中自由自在地游著，直到快被煮熟了都沒能做出逃脫的動作和反應。

我們常常和金魚一樣無法意識到悄然無聲的微妙變化，最終也像牠一樣迷失自我，在劫難逃。相反，如果我們能夠用心感受身邊細緻而緩慢的變化，提高洞察力，就能在事態轉向不妙的第一時間做出反應，逃脫厄運。

美國有一位中年男人，他在得知妻子懷孕的消息後便開始學習攝影。女兒出生後，這位父親則堅持每天為女兒拍一張照片留作紀念，從未間斷過。直到在女兒的結婚典禮上，他將二十年來所拍攝的照片交給女婿，並希望他將這件事延續下去。父親用照片見證了女兒生命中每一天的變化與成長，讓所有人為之感動。

如果我們沒有每天拍照、每天寫日記的習慣，就很難感覺到自己的今天與昨天有什麼不同，但這並不意味著我們毫無改變。當我們為頭上的第一根白髮而尖叫，為臉上泛起的皺紋而焦慮，為逐漸模糊的視力而悲傷，為鬆動的牙齒而難過時，我們是否意識到，生命的時鐘從未停止過，我們在這一刻所感受到的，在下一刻就發生了轉變，永遠也回不來了。如果我們不能認識到生命的無常，不能把握住每一個短暫的時刻，就無法啟動內心的力量，實現真正的自我。

一個因經濟罪被判無期徒刑的犯人曾對媒體講述了他的故事：「小時候我家很窮，有一次陪母親去買菜，我看中了隔壁玩具攤位上的一個小汽車，於是懇求母親買給我。但她就是不肯，還動手打了我。從那以後我就發誓，長大後要用盡所有辦法得到我想要的一切。之後，我用功讀書，努力工作，拼命賺錢。當我想要跑車和別墅的時候，就不得不四處鑽營，爬上主管的位子，用手中的權力去實現。走到今天這一步，我真的不認識自己了。」

這個犯人內心對物質的渴望無時無刻都在增加，只不過這些細微的變化讓他無法察覺，誤以為自己只是有些小小的貪戀和滿足，並不會出現什麼大問題。直到點滴的變化引起了質變，他才猛然發現自己已經不認識自己了。

把握生命中的每一刻，喚醒麻木的心靈，時常審視真正的自我，才能切斷偏離航線的思維意識，做有意義的事。

生活不在別處

我們對未來的生活充滿無限期待的同時，也對殘酷的現實抱有諸多無奈與種種不滿。詩人蘭波曾言：「生活在別處。」這句話讓我們認為周圍環境都是平庸而無趣的，只有從別處才能找到生活的美好。實際情況並非如此，生活並不在別處，發揮決定性作用的仍然是此時此刻你所面對的現實與處境。

盲目的羨慕令人痛苦

曉慧是某公司的總裁助理，她不僅年輕貌美，身材苗條，舉止優雅大方，還能歌善舞，多才多藝。從她來到公司的那一天起，就受到所有男職員的傾慕，也讓周圍的女孩子們羨慕不已。漸漸地，她成了全公司的一朵花。在公司的一次尾牙聚會上，曉慧表演了一段個人獨舞，當掌聲如雷鳴般響起的時候，她卻摔倒在臺上。當曉慧被送進醫院時大家才知道，原來她患有嚴重的先天性心臟病。同事們紛紛趕到醫院看望曉慧，她流著眼淚說：「你們總說羨慕我這個好那個好，其實我真心羨慕你們每個人都擁有健康的身體。」

生活中，我們常常在有意或無意間羨慕著別人，希望自己能變成想像中的完美形象。然而這個世界上根本就沒有「完美」二字，沒有完美的男人，沒有完美的女人，沒有完美的工作，也沒有完美的生活。一味追求完美，盲目羨慕他人只會讓我們的內心糾結，丟掉了本該屬於自己的生活。有些人喜歡抱怨自己懷才不遇、生不逢時，感慨人生多災多難，認為別人總是比自己幸運，忍不住露出羨慕的目光。實際上，這種人在抱怨和羨慕的同時已經丟失了自己，忽視了自己所擁有的一切。

生活不在別處，我們不應該把注意力放到別人身上。

由於基因的關係，女人往往比男人更容易產生羨慕之情。20歲的女孩子羨慕那些已婚的少婦，因為她們擁有了自己的幸福家庭；30歲的少婦羨慕那些年輕的女孩子，因為她們可以肆意揮霍大把大把的青春；40歲的女士羨慕那些果斷離婚的女人，因為她們勇於說「不」，把命運掌控在自己手裡；租房的女人羨慕有房的女人；騎單車的女人羨慕有車開的女人；長相一般的女人羨慕皮膚白皙、五官清秀的女人；嫁給平凡男人的女人羨慕嫁入豪門的女人，甚至不管她是不是小三……就在這一次次的羨慕中，很多女人忽視了自己身上的美和腳下的路，讓自己的每一天都過得痛苦不堪。

上帝是不公平的，因為祂創造了善與惡、美與醜、窮與富、成功與失敗、幸福與不幸。上帝又是公平的，在給予我們美麗的時候往往會奪走智慧與意志，給予我們成功的時候往往會奪走健康與幸福。與其羨慕別人，不如把眼光放在當下，珍惜自己此時此刻所擁有的一切。

活在當下，學會自我欣賞與自我滿足，說不定在不久的將來，你曾經羨慕過的那個人會反過來羨慕你呢！

從網路回歸真實生活

在科學技術飛速發展的今天，許多高科技媒介和產品讓我們忍不住感慨道：世界越來越小了！有了電腦，我們用指尖敲擊鍵盤的速度遠遠超過了用筆書寫的速度，十分方便快捷；有了網路，我們可以隨時隨地瞭解全球發生的大事小事，用滑鼠瀏覽全世界，南極和北極也可以近在咫尺。不僅如此，即時通訊工具、交友社區以及微博的推出更是極大地縮短了人與人之間的距離。在網路裡，我們找到了失散多年的老同學，結識了志同道合的新朋友，還能與明星們私聊對話，分享彼此的感受。快節奏的時代裡，我們用快捷的方式傳遞著思念，表達著情感，並漸漸對網路產生了依賴，甚至開始逃避真實的生活。

C君原本是一名個性開朗、英俊大方的陽光男孩，大學時曾是學校籃球隊超級前鋒，身後經常有一群崇拜他的學妹追隨。然而在畢業不久，C君竟發生了180度的轉變。他被某IT公司認可，聘用為程式師。開始工作後，雖然努力刻苦，但由於活潑好動的個性，經常被上司責罵。由於工作的特殊性，C君經常要守候在電腦前，隨時接受任務與命令。等待的過程是枯燥的，C君決定找一款網路遊戲來打發時間。剛剛登入遊戲沒多久，C君就對網遊世界中的人物與氛圍產生了濃厚的興趣。在網路遊戲的世界裡，男人個個都是英雄好漢。C君十分渴望在這樣一個當英雄、受關注、有人愛的世界中生活，便漸漸沉迷於此，對工作越來越不用心，就連曾經的隊友邀他一起去打球也被他回絕了。一年後，人事部因C君的工作失職而將他辭退。

網路讓原本陌生的人變得熟悉，也讓彼此熟悉的人變得陌生。我們的生活在鍵盤滑鼠指引下發生了改變，也在這一過程中失去了真實與單純。如果有一天，大街小巷的人都戴著視訊帽，掛著耳機麥克風，手裡不停地撥打著手機，相遇後不再打招呼，彼此形同陌路，那將是一件多麼可怕的事情！生活不在別處，當下真實的體驗才是實實在在的感受，我們應該劃清虛擬與真實的界限，回歸真正的生活。

高瞻遠矚必先腳踏實地

五十多歲的鄰居邱阿姨被確診為肺部惡性腫瘤後，立即加入了當地某公園的抗癌氣功協會。除了吃藥和例行檢查外，邱阿姨每天清晨都會到公園與病友們一起練習抗癌功。邱阿姨為人樂觀熱情，態度也十分親切和藹，在團隊中獲得了很高的人氣。出於個性使然，她經常主動接觸新入會的病友，在談心中幫助對方放下沉重的思想包袱，重新樹立健康的心態。在她的鼓勵下，很多病友都走出了病魔的陰影，不再懼怕死亡和病痛，對日後的生活也充滿了勇氣。久而久之，許多老病友在介紹新病友入會時都說：「有空就找邱老師聊聊吧！」邱阿姨的故事被一名病友發布到了網路上，引起了某慈善協會的關注，並派出記者前去採訪。

當記者問邱阿姨是如何看待人生時，她笑著說：「我已經身患肺癌五年了，曾經的我很害怕今後所要面對的病魔，但是後來我明白了，應當活在當下，珍惜現在的每分每秒。」

邱阿姨是一名一般的病人，她沒有妙手回春的神藥，也沒有起死回生的神功，她只憑藉著一顆善良而明智的心，幫助身處焦慮和痛苦的病友重樹信心。

每個人都有自己的人生目標，但並不是每個人都能找對途徑，用對方法。對一個失去健康的人來說，治癒或者延長生命就是終極目標，但是又有多少人能像邱阿姨一樣努力珍惜當下的時光呢？生活也是這樣，在我們左顧右盼的時候，眼前的機遇與幸福已經悄悄溜走了。所以，我們應當放下那些喚不回來的曾經，停止對未來的妄想，把注意力集中在此時此刻，為自己制訂一個合理的目標，並為之付出努力。

大陸籃球明星姚明在2011年7月20日正式宣布退休，多家媒體對他進行了專訪。在其中一次訪談中，記者問：「人們都說你是籃球界偉大的中鋒，請問你如何評價自己？」姚明搖了搖頭，笑著答道：「雖然我十分渴望得到這樣的榮譽，但目前我還不敢接受『偉大』這種評價，我只是在踏踏實實地打球而已。」

我們每個人的心中都可以擁有偉大的理想和崇高的追求，但在高瞻遠矚的同時，一定要腳踏實地。只有懂得從實際出發，從現在做起的人，才能走上成功之路。

放慢腳步，讓幸福跟上

高度的工作和快節奏的生活常常讓人感到被動和失控。身體每況愈下、工作節節敗退、前途一片渺茫、生活黯淡無光……為了生存，我們就像被鞭子抽打著的驢子一樣，背著沉重的壓力，拖著疲憊的身軀，拼命地尋找和追逐。

適當放慢腳步，不僅能夠避免痛苦不堪的局面出現，還能讓你的人生更有效率！

為生活按下「慢放鍵」

生活在大都市中的我們每天朝九晚五，忙忙碌碌。清晨起床要快點漱洗，上下班路上要拼命擠車，到了公司趕緊打開電腦，開始緊張的工作。每個人都像上緊發條的時鐘，瀕臨崩潰般地奔跑著、旋轉著，一分一秒都不能停歇。因為害怕被淘汰，年輕人爭先恐後地報名進修班，考取各種職能證書；為了不讓孩子輸在起跑線上，家長們選擇揠苗助長的教育方式，把稚嫩懵懂的孩子早早就送去學習各種才藝……等等。盲目的我們只顧著追逐時代發展的腳步，卻忘記了衡量這一切是否真的有效率。

在美國哈佛大學的一堂教學課上，教授寫出了三種公司管理模式，然後請學員們對其進行前途評估。A公司要求員工每天8點上班，遲到、早退每分鐘扣50元，必須穿制服，佩戴員工卡，每年會舉辦一次旅遊、兩次party、三次聯誼、四次體育競賽，每位員工每年都要提交四項合理化建議。

B公司要求員工每天9點鐘上班，但不設懲罰制度，個人辦公室或座位可以根據喜好進行布置擺設，甚至走廊也可以隨意塗鴉，新鮮的水果和飲料全天免費供應，上班時間還可以到公司的泳池游泳。

C公司不對員工的上班時間做約束，想什麼時候來就什麼時候來，也沒有工作服，想穿什麼就穿什麼。女士可以帶著孩子來上班，年輕人也可以帶著寵物來，公司的小超市免費為員工們開放，想吃就吃……教授說完，學員們開始進行評估。

結果顯示，90%的學員認為A公司的管理模式最合理，前景也最好。這時教授笑著公布了三家公司的真實身分：A公司在1997年成立，因管理不善已經倒閉；B公司是當今電腦軟體界的巨頭；而C公司則是近幾年發展最快，實力壯大最迅速的美國上市公司，它們的產品目前已被公認為是「全球規模最大的搜尋引擎」。

C公司並沒有對員工們做出規定與要求，這讓大家感到輕鬆與舒適，消除了工作以外的壓迫感，也在無形中緩解了緊張的思維和狀態。就好比把兩個廣告創意人員分別放在不同的環境中，一個關進沒有任何生趣的房間，一個放在夏威夷的海灘上，誰能交出富有想像力的作品，答案不言自明。

過於緊張的快節奏生活會為我們增添無形的壓力，逼迫我們狼吞虎嚥地吃飯，說話語速像機關槍，開車常常無意識超速，每天都像趕場，甚至不知道是在為誰而忙。其實，在生活中，並不是每件事都要跟別人賽跑，也不是每個工作都需要加班。就算是機器，如果長年累月不停地運轉，最終也會不堪重負。何不讓神經緊繃、胸口憋悶的我們按下慢放鍵，用健康的身心、有條不紊的節奏來面對工作和生活呢？

急於求成的結果是一事無成

一位著名導演接受某體育衛視的邀請，參加一次名為「全明星羽毛球大獎賽」的活動。這位導演平時就很愛看各種競技賽事，算是個體育迷。接受這次邀請後，他立刻找到一位羽毛球教練，想在剩下的三個月時間內進行一次集中訓練。這位導演平時忙於工作，身體肌肉組織的力量欠缺，教練決定讓他從體能訓練開始。一個月過去了，導演見教練始終沒讓自己摸拍打球，反而每天重複著枯燥的動作，就問教練：「只剩兩個月的時間了，您為什麼還不讓我摸球拍？」教練回答：「專業的羽毛球運動員每天都要接發至少五百個球，如果你的上肢沒有足夠的力量，是無法完成訓練的。」導演心中十分著急，生怕兩個月後面對鏡頭時丟臉，便私下加大了訓練量，每天堅持打五百個球。結果由於運動過猛，造成了肌肉拉傷，不得不到醫院接受治療，缺席了那場精彩的比賽。

《論語》中有句名言：「欲速則不達」，先哲就是想用過來人的經驗告訴我們，凡事都要循序漸進，萬萬不可焦躁，如果急於求成，其效果未必如意，甚至大失所望。

鋼琴家只有透過堅持不懈地練習，甚至是按錯鍵，才能在舞臺上彈奏出動人心弦的優美旋律；守門員也必須經過一次又一次高接低擋的練習，才能鎮守住球門。當我們獲得成功，有所成就的時候，再想起那一點一滴的付出，才能體會到成功沒有捷徑，切莫急於求成的意義。古人言「冰凍三尺非一日之寒」，我們何必急於求成，讓原本有所收穫的結局變成一場空呢？

沿途風景往往最美麗

週末，一位美國商人來到海邊垂釣，看見一位漁夫划著小船靠了岸。漁夫拎著七八條肥美的海魚經過商人身邊，熱情地問候了一聲。商人笑著問漁夫：「這麼早就收工，為什麼不多撈幾條再回去？」漁夫笑著回答：「這些已經夠我們全家人吃啦！」商人又問：「你除了捕魚之外，別的時間都在做什麼？」漁夫笑著說：「我每天睡到自然醒，然後出海捕幾條魚，回到家後陪孩子們玩耍，晚上和家人、朋友一起吃飯、唱歌，非常充實！」

聽後，商人搖搖頭說：「老兄，你不如每天多花些時間捕魚，拿到市場上去賣，用賺來的錢買一艘大船，捕更多的魚去賣。我敢保證，10年之後，你就是這片海域的首富了！」漁夫聽後問商人：「成為首富之後呢？」商人滿眼泛著幸福之光：「然後你就可以隨心所欲地生活啦！你可以睡到自然醒，陪孩子們一起玩耍，和家人、朋友、喝酒、唱歌！」漁夫哈哈大笑地說：「這不就是我現在的生活嗎？」

在這則寓言故事中，商人是經營有方的聰明人，他可以花費時間和精力去成就一番卓越的事業。而漁夫是個熱愛生活的人，他懂得在為生活打拼的同時欣賞生活，在奮鬥的路上享受沿途風景帶來的美麗。在忙碌的現實生活中，很多人都像故事中的美國商人一樣，在追求金錢、名利和成功的道路上努力奔跑，直到生命暮年，才發現自己用一生去追求的東西哪一樣也帶不走，能帶走的快樂時光與幸福回憶卻是屈指可數。

相反的，漁夫每天在捕魚過活的同時也在享受著幸福的生活，豐滿自己的快樂回憶，待到漸漸老去，躺在搖椅上，兒孫圍坐在身旁，朋友為他唱起曾經最愛的歌，相信漁夫布滿皺紋的臉上一定掛著笑容，泛著幸福的紅光。

人生就像一場漫長的旅行，很多人卻在為目標疲於奔命的時候忘記了欣賞沿途的風景。其實，生活一直是五彩斑斕的，關鍵是我們有沒有具備一顆懂得觀賞的心。我們不妨放慢追求慾望的腳步，欣賞沿途的美妙風景，品嚐五味人生。

生命的能量來自內心

缺乏內在能量的人會慢慢喪失生活熱情，對任何事都提不起興趣。如果能將這種能量點燃，你就會發現一個全新的自己，也會用這顆健康的心開始與眾不同的生活。

心的力量開啟生命之門

我們的生命都是從胎心搏動開始，而終止於心臟的停跳。在這一生中，心臟就像發動機，為全身的各個機能組織提供動力，絕不能有絲毫怠慢。不僅如此，在我們生長成熟的過程中，內心世界也在不斷豐富，產生各式各樣的想法與意識，並為此貢獻著強大的精神力量。

當我們起床後，心的力量就被用在梳洗打扮上；當我們出門後，心的力量會被用在等公車、擠火車、開車上；當我們到達公司，心的力量又會被用在工作洽談以及會議上……總之，只要是我們想做的事情，心就會毫不猶豫地跟上供給，為我們消耗它的力量。然而，我們的生命是有限的，心的力量也不能永久存在，它就像一壺燒在爐灶上的開水，隨著生命而沸騰，在無聲無息中化成煙霧，揮散在空氣中。心的力量無法事先保存起來放入冰箱冷藏，只要生命在繼續，它就在燃燒，消耗著自身的能量。

朋友的一位學妹在大學畢業後順利進入一家知名公司，當了女上司的助理。剛剛工作的她對自己的工作職責和工作內容還不是很熟悉，經常向其他同事求助。可是，當學妹抱著虛心的態度向前輩請教工作事務時，卻總遭受白眼，或者直接吃了閉門羹。試用期過後，女上司在她轉為正職的報告上寫下了「不同意」三個字。

這三個字徹底激怒了學妹，她認為女上司過於刻薄，同事們也都充滿惡意，便決定進行打擊報復。

離開公司後，學妹並沒有急於找下一份工作，而是回到家研究起一套整人遊戲。她曾是女上司的助理，知道她的家庭住址和作息時間。於是，學妹總在夜晚時分偷偷溜到女上司家，在她家的門上噴塗恐怖塗鴉，以及嚇人的言語，還在女上司的車上懸掛骷髏、魔鬼等恐怖玩具。女上司被這些惡作劇嚇得失聲尖叫，到了夜晚常常失眠，早上也沒辦法打起精神工作，整天昏昏沉沉，毫無生氣。可是學妹並沒有就此罷手，她還將偷拍到的同事照片發到網路上，並用「色情招待」等字眼描述這些同事，並留下了她們的電話。從那以後，原公司同事經常接到一些調情電話，搞得沒辦法正常生活和工作。

最終，大家不堪忍受騷擾，向警方報了案。警方透過網路偵破，很快就將學妹繩之以法。

在審訊過程中，法官曾多次嘆息著對學妹說：「妳還這麼年輕，為什麼不把整人的精力用在有意義的事情上呢？」

由此可見，心的力量可以推動我們走向光明，也能把我們引入黑暗。關鍵就看我們如何把握心力的方向，如何運用內心的強大力量。

撕破蠶食內心能量的繭

在這個商品琳瑯滿目，物質生活豐富的時代，很多人把金錢視為自己一生的目標。追求金錢並沒有什麼不好，然而接下來對金錢的處理就會表現出一個人的內心素質與能力。有的人購買大量奢侈品招搖炫富，有的人將財富扔進賭場變得一貧如洗，有的人選擇捐給災區為社會做貢獻。每個人對於金錢的消費方式不同，所獲得的結果也不同。懂得善用金錢的人能夠藉助它的力量完成自己的夢想，對財富毫無駕馭能力的人只會成為金錢的奴隸。

自然界最可憐的蟲子是蠶寶寶。牠拼命吐絲，就是為了羽化成蝶的那一刻。可是，當牠全神貫注地吐絲時，並沒有意識到自己的勞動所得正在束縛著自己的身軀。直到雪白的蠶絲把牠包裹得嚴嚴實實，養蠶人將牠扔進滾燙的開水鍋裡，蠶寶寶才明白了作繭自縛的道理，然而一切都已經晚了。

我們每天的奮鬥和打拼就像是在吐絲，或為他人或為自己貢獻著生命和力量。這些「絲」

遍布我們生活的各個角落，愛情之絲、友誼之絲、工作之絲、家庭之絲、慾望之絲、夢想之絲……它們有的鬆有的緊，將我們包裹起來，無情地抽取著內心所輸送的能量，讓我們放慢前進的腳步，甚至難以自拔。

在一本女性雜誌中記錄了這樣一個破繭成蝶的故事：35歲的徐女士與丈夫結婚七年，兩人有一個3歲的可愛兒子，生活看起來十分平淡幸福。在一次出差旅行中，丈夫認識了一位年輕漂亮的女孩，兩人瞬間迸發激情之火，墜入愛河。遭遇了七年之癢的丈夫最終向妻子提出離婚，並坦誠說出原因，這讓徐女士猶如五雷轟頂一般癱倒在地。儘管她苦苦哀求，甚至下跪挽留，無情的丈夫還是拋棄了她和兒子。離婚後，徐女士終日以淚洗面，用酒將自己浸泡在傷感的情緒中，一蹶不振。為了幫助她，她的知心好友請來心理醫生為徐女士進行治療。三個月後，徐女士成功地走出了陰影，還報名參加了電視相親，勇敢地開始了新的戀情。

徐女士曾為婚姻吐盡了「絲」，最終迷失在自製的繭裡難以自拔。在心理醫生的幫助下，她撕破身上的繭，讓新鮮的空氣、亮眼的陽光直射心田。這個時候，她發現了一個全新的自己。

成功只需一顆健康的心

在一檔電視交友節目中，來了一位特別的男嘉賓。他身材修長，相貌清秀，打扮得也十分得體，讓現場的女嘉賓們眼前一亮。第一個環節是自我介紹，這位男嘉賓報上了自己的姓名後，對在座的女嘉賓說：「實不相瞞。我曾有過一段失敗的感情。」話音剛落，女嘉賓中有兩位表示不願意找有過婚姻經歷的男士為伴，其餘的女嘉賓則表示願意進行深入的瞭解。

主持人對男嘉賓說：「您願意講述一下自己的經歷嗎？」男嘉賓嘆了一口氣後，拿起麥克風說：「大學畢業後，我來到一家公司，認識了她。追求了一個月後，她就答應與我交往，我們便同居了。每天我們一起上班，一起吃午餐，一起下班，算得上是形影不離。兩年後，我們就順理成章地結婚了。婚後不到一年，她就跟一個合作夥伴跑了，我們就離了……」男嘉賓帶著哭腔和委屈的口氣繼續講述著：「到現在已經過去兩年了，但我還是無法釋懷，我希望能有一個真心相愛的女伴帶我走出陰影，幫我療傷。」話音剛落，現場的女嘉賓們全都表示了拒絕。她們認為一個內心力量不夠強大的男人是無法依靠的。

每個人的內心都在為自己提供著強大的力量，幫助我們表現自己的價值和成功的願望。這位男嘉賓的內心世界太過脆弱，遇到傷害就會長時間感到痛苦萬分，一蹶不振。一顆沒有自我癒合能力的軟弱之心，根本無法適應殘酷的現實生活。相反，如果我們善於呵護自己的心靈，時常保有一顆健康的心，就能為我們的人生創造出無限的精彩。

張阿姨原本是一家IT公司的清潔人員，負責該公司的日常清潔與綠植養護等工作。她每天都是帶著笑容展開工作，見到迎面而來的職員總是熱情地問好，還總是關切地問大家需要不需要打掃座位附近。久而久之，大家都與親切和藹的張阿姨成了朋友。在聊天中大家得知，張阿姨的丈夫在外認識了別的女人，隨即與她離婚。但她並沒有因此悲痛欲絕，而是隻身一人來到繁華的都市打拼，努力賺錢供兩個孩子讀書。大家都被張阿姨的精神所打動。不久後，公司的一個主管認為張阿姨人品好又具親和力，就把她聘到自己家中做褓母，待遇比公司要好得多。張阿姨只是一個一般的務工人員，但她憑著真誠樸實的性情，積極樂觀的態度，讓自己的生活充滿了快樂。

不管外在的世界如何變化，只要我們擁有一顆健康的心，就能在經歷痛苦後快速癒合傷口，積極樂觀地面對一切。

凡事多往好的方面去想

快樂的人不是沒有煩惱，而是善於用樂觀積極的心態去消化不愉快。苦惱的人也絕非命運使然，而是被不良的心態矇蔽了尋找快樂的眼睛。

凡事多往好處想，才會找到恆久的快樂！

痛苦和失去也阻擋不住幸福的腳步

老同學阿凱酷愛機車，經常與他的車友們到危險的環形山路上飆車。一天傍晚，阿凱為了躲避迎面駛來的貨車，不小心跌入了山澗。經過搶救，阿凱的命算是保住了，但他失去了一條右腿，為飆車付出了慘痛的代價。同學們得知這個消息後，紛紛來到醫院看望他。病房中的阿凱吊著點滴，滿臉都是挫傷的痕跡，但他的精神狀態很好。阿凱說他在撞車的一瞬間只有一個念頭，那就是這回死定了。在滾落山崖時，阿凱想起了常常因為阻止他飆車而與之嘔氣的爸媽，瞬間發覺到自己的不孝。他想對父母好一點，想做個讓父母放心的孩子，但他又怕老天奪走自己的生命，不給他悔改的時間。病床上的阿凱拉著媽媽的手說：「雖然我剛20歲就丟了一條腿，今後的生活不曉得會怎樣，但我明白了許多道理，我會重新做人，開始我的新生活！」

雖然阿凱飽受了車禍與治療所帶來的痛苦，但他卻也因此獲得了重要的人生感悟，學會珍惜父母的愛與家庭的溫暖，這何嘗不是一種幸福。實際上，我們每個人在承受痛苦的同時，都意味著一個嶄新的開始。越是勇於直接面對挫折、承受痛苦的人，越能快速地找到解決辦法，走出陰影。

痛苦為我們開通人生道路上的嶄新出口，而失去則像一針營養劑，催促我們更快地成長，幫助我們擁有更好的生活。

一位工作多年的醫師在總結臨床實驗經驗中發現：摘除一個腎臟的患者在恢復後，另一個腎臟的生命力往往變得更加旺盛，彷彿在努力彌補自身的缺陷。肺癌患者在切除某片肺葉後，其餘的肺葉也會更加富有生命力。失明患者在摘除眼球後，聽力與嗅覺會有不同程度的增長……由此可見，我們在身體上的某些失去並不一定是件壞事。因為在失去的同時，我們體內的某一方面會努力填補這一缺陷。

我們的心理也像身體一樣，擁有著應對失去的強大力量。在眾多「失去」中，失戀通常被認為是最普遍的。它讓我們體會到了心碎的滋味，墜入了被否定的深淵中，無法再去相信任何人，無法憧憬未來的美好。這道愛情傷口會成為心中永遠的烙印，讓我們隱隱作痛。其實，我們只看到了失戀這本書的淒美封面，卻沒能讀懂它的內在真相。只有翻閱完這本書，經歷過失戀的人才會明白自己的不足，學會怎樣去愛，又怎樣珍惜愛。失戀後的我們看到了自己的缺點，擁有了愛的感觸，這何嘗不是一種幸福？

當我們明白了痛苦與失去的意義，也就意味著我們得到了成長，學會了生活。

災難喚起重生的勇氣

我們都知道，災難的來臨是不以人類的意志為轉移的。無論是海嘯、地震等天災，恐怖襲擊、搶劫殺人等可怕的人禍，還是發生在個人身上許許多多匪夷所思的生活意外，都像埋伏在轉角處的惡魔，不知何時會相遇，也不知何時會動手出擊。恐懼與膽怯並不能取消災難惡魔的計畫，我們能做的就是坦然面對。

一種人在災難來臨時，他們常常把自己埋在充滿痛苦與傷感的沼澤中，任憑淚水一遍又一遍地洗刷臉頰，在悲傷的深淵中無法自拔。

某家庭就發生了這樣一幕慘劇：二十多歲的兒子在加班時突發心臟病，不幸英年早逝。他的母親在得知噩耗後瞬間崩潰，從此陷入了沉痛的喪子之痛中。白天，這位母親抱著兒子的照片淚流不止，口中還不時喃喃自語，一會兒兒哭天喊地為兒子惋惜，一會兒兒又滿口髒話地咒罵起來，抱怨老天的不公平。到了傍晚，這位母親就帶著一瓶烈酒趕到兒子的墓地，直到第二天清晨才回家。幾個月後，母親終因體力透支外加酒精中毒猝死家中。

在每一次山崩地裂、房倒屋塌後，每一次海浪咆哮、財產盡失後，我們都曾因為親人的失散而痛哭，也都曾為滿地狼籍的家園而傷心。但與此同時，我們也體會到了生命的價值與意義，感受到了陌生人伸出援助之手的溫暖與力量。災難中的我們不能自暴自棄，更不能怨天尤人，應該珍惜患難中的友誼與情意，把內心的溫暖傳遞下去。這就是面對災難時另一種人的態度。

災難是一把雙刃劍，是成為精神崩潰的行屍走肉，還是做一個在災難的廢墟上屹立不倒的人，你可以自行選擇。

自得其樂乃快樂之源

在壓力叢生的現代社會中，很多人抱著悲觀的情緒生活。年輕人說：「我們把大部分的時間與精力獻給了工作，就是為了賺錢，根本沒有足夠的時間享受。」中年人也說：「我們把當年奮鬥積攢下來的金錢花在了老婆、孩子身上，現在依然要努力工作賺錢養家，我們既沒有時間，也沒有錢。」老年人卻說：「雖然我們退休了，有了錢也有時間，但是身體卻每況愈下，已經沒有幾天福可享了……」

人們長期被這種消極的心態籠罩著，根本無法感受到快樂，最終導致心理健康的天秤失衡。其實，魚和熊掌永遠不可兼得，世界上也從來沒有完美的人和事，我們完全沒有必要對自己太過苛刻。如果我們學會善待自己，懂得自得其樂，也就能樂在其中了。

美國第32任總統富蘭克林．羅斯福的家曾經遭受過一次失竊，很多珍貴的東西被盜賊偷走，損失很嚴重。出事後不久，總統的一個朋友發來信函，對他表示了深深的同情與慰問。收到信後，羅斯福立刻給朋友寫了一封回信。他在信中是這樣說的：「親愛的朋友，謝謝你的來信，目前我很平安。首先，盜賊沒有傷害我和家人的性命；其次，盜賊偷去的只是一部分，並不是全部；最後，非常值得慶幸的是，做賊的是他，而不是我。感謝上帝！」

一個能在苦中作樂的人，就算遇到再艱難的處境，也會找到天堂，將自己置身其中。

中國中華醫學會會長鍾南山曾在一個緩解心理壓力的講座上發表演說：「我們的體內每天都會生產三千個癌細胞，同時也會生產出一些專門對付癌細胞的自然殺傷細胞。如果我們的情緒整天都處於低潮，那麼體內管制癌細胞的抵禦細胞能力就會下降20％以上。在諸多不利因素當中，恐懼、憂慮、怯懦、貪戀等不良情緒與惡劣心境最容易讓人短命。」

不錯，現代醫學已經證實，心理的健康狀態對身體的健康狀態有著顯著的影響，精神和心境對疾病與衰老發揮了關鍵性作用。古人有言：「憂則傷身，樂則長壽。」既然人生的道路不可能一帆風順，我們何不輕鬆面對，泰然處之呢？

「日出東山落西海，愁也一天，喜也一天；遇事不鑽牛角尖，心也舒坦，人也舒坦。」在順境中我們要助人為樂，處於逆境時要學會自得其樂，過得平平凡凡時也要學會知足常樂。只要掌握了這「做人三樂法則」，我們就能保持心理平衡，與健康為伍，與快樂常相伴。

Chapter 3

有目標的快樂才飽滿

——心路同樣需要規劃

心的力量，才是成功的助力

人的一生，有心才算是活著，做人如此，做事亦如此。

一個人無論平凡還是偉大，支撐靈魂的內心都積蓄著一股強大的力量。當我們面對職場的難題、生活的困擾、情感的疑惑時，如果能夠善用心靈的力量，並配合身體的行動，就能夠激發出不可估量的能量，推動著我們駛向成功的彼岸。

喪失心力導致失敗

在一檔午夜播出的心靈對話的廣播節目中，主持人曾接到過這樣一個電話：一位名叫阿麗的女人被婚姻折磨得心力憔悴，不知所措。阿麗說，她今年剛滿30歲，丈夫與自己同齡，兩人是在去年完婚的。如今家庭穩定，夫妻應該攜手努力，一起為事業打拼。可是婚後不久，阿麗發現老公每天下班後，不是埋在沙發中看電視，就是窩在電腦前打網路遊戲，即便假日也是如此。積極上進的阿麗曾經多次與老公溝通，希望他能夠有所改變，可是結果卻事與願違。就這樣，阿麗對生活產生了危機感，她督促自己積極進取，不斷地嘗試與接受新鮮事物，希望可以影響到老公，但結果卻讓她失望透頂。萬念俱灰的感覺把阿麗徹底吞噬了，她向丈夫提出了離婚。沒想到，丈夫不僅不同意離婚，還將這件事告訴了雙方父母，企圖透過長輩來給阿麗施加壓力。為了不讓別人認為自己是個婚姻的失敗者，阿麗百般猶豫，不敢離婚。而每當她想到自己一片黑暗的生活，又忍不住想斬斷婚姻的亂麻，讓自己重新看到希望。面對丈夫的懶惰與消極，面對父母的指責與期待，面對內心的呼聲與渴望，阿麗終於堅持不住了，她感到自己喪失了所有心力，非常希望有人能夠幫助自己。

經過心理專家的瞭解，阿麗之所以對離婚一事躊躇猶豫，是因為她有一種不正確的觀念。阿麗從小就聽父母說，離婚的人是失敗者，感情失敗，做人也失敗。於是，她就將別人對事情的看法強行添加在自己的主觀意識中，喪失了自己的看法。

如果阿麗能把內心的力量放在自己身上，按照主觀的意願去決定，那麼強大的心力必定會作用在行動上，為她提供充足的能量。離婚後，阿麗也許會生活得更好，也許會過得更糟，但這與失敗又有什麼關係呢？我們常常把自身的價值與某件事情的成敗聯想在一起，認為一件事情失敗等於一個人失敗，這種荒謬的觀念恰恰是我們思想中常見的誤解。只要阿麗能夠遵循內心的真實想法，把自己的心力從他人身上轉移到自我心中，那麼，無論她做任何決定，就都是正確的，與失敗毫無瓜葛。

在生活中，有很多人像阿麗一樣害怕失敗，害怕被別人說成是失敗者，進而喪失心力，變得不快樂。實際上，失敗只不過是他人對某些事的評價與看法，我們大可不必如此關心。只有我們尊重內心的感覺，善用心靈的力量，把決定權握在自己的手中，才能避免心力喪失，走出迷失自我的困境。

身心合一才能有所收穫

在奇妙的大自然中，很多肉食動物在捕獲獵物前，都會悄然無聲息地藏匿在叢林或沼澤中，目不轉睛地觀察獵物的一舉一動，時機成熟便一躍而起，精準地撲向獵物。這種自然形成的規律告訴我們：只要身體與心志調節到同一節奏與狀態下，就能釋放出強大的能量，獲得理想的成績。做為大自然的一部分，我們人類也同樣適用於這種規律。賽車手在比賽時，不僅需要手和腳的協調配合，更需要來自內心的思考與力量。只有當注意力與身體獲得同步，達到「人車合一」的理想狀態時，才能做出彎道漂移、精準超車、極速衝刺等完美動作。這就像太陽直射地面時，我們用放大鏡將陽光凝聚在一張紙上，紙會在瞬間生出火花，燃燒殆盡那樣。因此，只有出現「身心合一」的狀態時，我們才能有所收穫。

然而在現實生活中，很少有人能做到這一點。他們在上課的時候想著翹課，在上班的時候想著逛街，甚至在捷運內、公車中、街道上，也都處於一種人和心分離的狀態。在這種狀態下，付出再多努力和時間也只會把自己送到錯誤的地方，並非理想的彼岸。其實，我們在抱怨自己一事無成時，應當想一想是否真正用心過？

阿偉是人氣超高的跆拳道黑帶教練，他在上課時氣場非常強大，極具震懾力。在一次訪談中，阿偉說：「你也許不相信，三年前我還是個遊手好閒的人。那時我輟學在家，父母很擔心我的未來，就給我報了跆拳道學習班，希望我能掌握一門技術，將來不至於餓死。錢已經繳了，我只好硬著頭皮去上課。幾堂理論與基本功課結束後，我們就開始進行實戰練習了。我當時很叛逆，不太服從老師的管教，也不願意和別人相處。在一堂實戰課上，老師提出要和我PK。我知道自己沒有勝算，但還是用盡了全力，沒想到老師只出了一招，我就趴在地上起不來了。我當時又氣又怨，氣的是老師害我沒面子，怨的是自己沒本事。老師把我扶起來，態度和藹地說了『要用心』三個字後，就叫大家下課了。我一個人坐在道館裡，想著老師說的三個字，然後開始一個人的練習。不知不覺，我汗流浹背地練到了凌晨。那一夜，我好像一下子開了竅，掌握了跆拳道的技巧，也對自己有了新的認識。第二天上課，我主動要求與學友PK，在尋找到合適的機會後，我用一個下劈秒殺了他，老師主動為我鼓掌，學友們也對我刮目相看。從那以後，我明白了用心的意義，也體會到了身心合一的強大力量。如今我在教學時，也會把身心合一的理論灌輸給每一位學員，希望他們也能有所收穫。」

只有我們的人和心合而為一，才能為我們提供最有效的動力。這股力量會把我們從枯燥無味帶向其樂無窮，從平凡帶向優秀，讓我們有所收穫，感受到成功的快樂。

好心態是成功的推動器

1965年，一本名為《成功並不像你想像的那麼難》的書曾經風靡全世界，引起巨大迴響。該書的作者是一名心理學研究者，他的寫作靈感來自於那些所謂的「成功人士」。作者在與某些商業巨頭、諾貝爾獎得主、某領域的權威人士交談中發現，他們常常習慣把自己的創業艱辛進行誇大。這些經過渲染的故事被宣傳後，讓正在創業的人知難而退，讓正在投入研究的人員產生對成功的畏懼感，進而在心中形成阻撓。而實際上，成功並沒有那麼難。任何外在條件與因素都無法阻止一個人追求成功的腳步，而真正的絆腳石則是自己的心態。

美國成功學大師拿破崙．希爾曾說：「人與人之間沒有太大的差別，只有積極心態與消極心態這一細微的區別，正是這一點點差異決定了二十年後兩個人生活的巨大不同。」

美國第十六任總統林肯出身於一個清貧的鞋匠家庭，母親在他9歲時就撒手人寰，父親與他常常為了生計而發愁。林肯在25歲之前都沒有固定工作，經常四處打工，賺錢謀生。儘管生活如此貧苦，但他絲毫沒有放棄對未來的希望，而是用積極樂觀的心態面對著每一天。透過自學，林肯成為了一名律師，不久後開始參與政治活動。終於在他51歲時，當選為美國第十六任總統，達到了事業的巔峰。

名人的成功案例再次告訴了我們這個道理：成功的關鍵就在於你所持有的心態。一個積極樂觀的心態就像推動器，用強大的心靈之力把我們推向成功的星空。相反，一個消極沮喪的負面心態就像碎石機，重重地將我們拍打進失敗的谷底。

朋友中有一位姓梅的女孩子，她總是說自己應該改名叫「梅（沒）希望」，因為她覺得從小到大所經歷的一切都是灰黯無光，看不到希望。由於父母離婚，小梅從小就在外公外婆身邊長大。上學時，她的個性乖巧聽話，是老師喜歡的好學生。也正因此，小梅遭到了其他同學的排斥，人緣一直不好。上學的路上也總是形單影隻，獨來獨往。畢業後，小梅來到一家廣告公司做助理，由於長相不夠出眾，個性內向，工作了一年後仍然有許多同事不認識小梅，也因此常常受到排擠和冷落。在22歲時，小梅有了人生中的第一個追求者，這讓她感到十分開心，並接受了對方的表白。但在相處了短短三個月後，對方竟然提出分手，理由是小梅心態悲觀，在一起的時候總是唉聲嘆氣。失戀對小梅造成了重大的心理打擊，她把自己關在家中，每天藉酒消愁，淚流不止，還曾做出自殘的傻事。經過一位心理醫生的幫助，小梅終於在一年後走出了心裡的陰影，重新建立起樂觀向上的心態，勇於用微笑面對多變的人生。

世界是一面鏡子，你對它皺眉，它就皺著眉頭看你；你對它微笑，它也會笑著對你。每個人的一生都會遇到挫折、矛盾與困難，失敗也在所難免，既然如此，我們為什麼不能用笑容去面對呢？

尊重夢想，但要對自己有正確的期望

每個人的心中都有一幅關於未來的夢想藍圖，其中充滿了期待和想像。當我們為之付出行動卻遭遇失敗時，有沒有冷靜地想過：「這幅藍圖是否適合我？上面所描繪的未來是合理的期望，還是虛幻的想像？」只有給出正確的答案，才能指導我們樹立合理的期望與信念，在夢想的道路上規劃自己的未來。

你的自我期望是否過高？

我們每個人都對自己或未來抱有或多或少的期待與希望，這些期望大多是由我們對自己的認識和對未來的規劃等因素促成的。因此，一個人的期望是否正確合理，將會對他的未來生活、工作，甚至是人生產生至關重要的影響。

當我們對自己產生正確合理的期望後，我們的行為就會具有動力與指向。即使遇到阻礙，我們的內心也會抱著積極的態度與信念，堅持不懈地向目標努力。正確的自我期望能給予我們面對挫折與困難的勇氣，讓我們不再懼怕，勇敢前行。相反，如果我們對自己的認識有所偏差，產生了過高的自我期望，就會給自己增添過多過大的壓力，這些壓力在實現夢想的道路上形成阻礙，消磨我們前進的動力。

曉琳大學畢業前是就讀文學科系，在校期間，她經常投稿給雜誌、報刊，並獲得了報社的肯定，很快就為她開闢了專欄。同學們非常欣賞曉琳的文筆，都希望她能夠繼續深造，早日寫出自己的第一本書。可是曉琳卻對這些不以為然，她希望自己能成為一名影視明星。

畢業後，曉琳被報社邀請入職，但她卻推掉了所有的撰寫工作，一心朝向自己的理想目標努力。她報名參加當地所有的選秀大賽，甚至連品牌形象代言人的甄選也會參加。可是，曉琳的相貌平平，身材也一般，而且從未接觸過影視行業，沒有一點閱歷經驗。因此，每場比賽她都會遭遇淘汰，抱憾而歸。漸漸地，曉琳覺得自己很糟糕，變得頹廢消沉起來。

實際上，曉琳並不是一個失敗者，她只是自我期望過高。如果曉琳選擇在文學領域提高深造，那麼她實現夢想的機率就會大大增加。由此可見，正確的自我期望對夢想的實現發揮著關鍵性的作用。

我們不妨透過下面的小測試，來看一看自己的期望是否過高：

題目：如果有一天上帝告訴你，可以給你一次死後重生的機會，你希望自己變成以下哪種生物？

A：植物
B：飛禽
C：海洋生物
D：陸地上的動物
E：細菌
F：哪個都不選

答案：

A：你過於安分守己，是一個追求安定的人，不太喜歡和別人一爭高下，也不夠有事業心。對你來說，與其在工作上有所成就，還不如照顧好自己的朋友和家人。

B：你有較高的自我期望，對於未來充滿了期待和信心。你是一個雄心勃勃的人，希望自己能闖出一片天地。你對實現自我期望有詳細的規劃。如果你有足夠的能力，那麼只要努力奮鬥、堅持不懈，就一定能實現自我期望。

C：你是一個富有創造力的人。你的自我期望常常會充滿創造色彩，走藝術之路也許能讓你擁有屬於自己的一片天空。

D：你是一個比較務實的人。對你來說，工作是生活必不可少的一部分，如果選擇與自己的興趣相吻合且又是自己擅長的領域做為自我期望，那麼你就會把它當成事業，為之奮鬥一生。

E：你是一個有責任感的人。對待工作積極認真，對本職工作範圍內的事情會盡力去做好。因此，主管會比較放心地把重要工作交給你，雖然你不是大紅人，但卻是一個主力。

F：選擇這一項，說明你的自我期望可能不夠明確和合理。需要重新樹立正確的自我期望，或對自我期望進行適當地調整。

正確的信念取決於正確的期望

信念是我們對某件事或某個人抱有信任、信心的一種思想狀態，是我們按照自己確定的觀點與意念行動的心理傾向。瑜珈大師艾．楊格曾說過：「人的強烈期望一旦產生，很快就會轉變為信念。」這說明，良好的信念來自於正確的期望。美國偉大的發明家愛迪生的座右銘是：「我探求人類需要什麼，然後我就邁步向前，努力地把它發明出來。」可見，合理的自我期望對我們的信念有極大的影響。

如果我們的自我期望正確合理，那麼它就會對我們的信念產生正面積極的影響，進而激發我們的無限潛能，幫助我們排除實現夢想之路上的絆腳石，向著成功的彼岸勇敢前進。如果我們的期望過高，就會直接導致我們缺乏自信，容易因為暫時無法達到的目標而對自身能力產生質疑，甚至對人生產生消極的心態。如果自我期望過低，那麼我們就會為輕而易舉達成的目標沾沾自喜，自滿的情緒會扼殺我們的鬥志與熱情，讓我們目光短淺，永遠原地踏步。

大學畢業後，欣怡在學姐小芳的引薦下進入一家電視台工作。由於欣怡所學的專業是新聞，對廣電設備與採編等工作程式並不太瞭解，因此常常向比她早一年入行的學姐小芳請教。小芳已經工作了一年，對每天的工作流程再熟悉不過了，她對欣怡說：「等妳的新鮮感一過，就不會再這麼好學好問了。這一行非常辛苦，冬天要坐在冰冷的機房編輯製片，夏天要在毒辣的太陽下進行採訪，而且收入也不穩定。我勸妳還是別抱什麼希望，湊合著做就好。」聽完學姐的話，欣怡並不這麼想，她希望自己在這一行業中能打拼出一片天地。於是，欣怡開始給自己加油打氣，犧牲了許多自己的時間，瞭解稿件的寫作方法，嘗試使用攝影機與編輯機，熟悉電視節目的播出全過程，還常常向老攝影師與老編導虛心請教。夏天，她主動申請到戶外進行採訪，以便增加自己的採訪經驗。冬天她在冰冷的機房一做就是幾個小時，從來沒有抱怨過。一年後，電視台組隊整體調整，由於出色的表現和積極的工作態度，欣怡被上司委以重用，任命她為新開闢的專欄節目組組長。而學姐小芳自由散漫，消極怠工，因而被解聘。

欣怡的自我期望就是在電視界闖出一片天地，這個夢想激發了她內心的潛能，並為她樹立了堅定的信念，於是她勇敢地去面對所有困難與阻礙，最終獲得了成功。而學姐小芳對自己並沒有什麼期望，漫不經心地對待自己的工作，最終被人事部開除。由此可知，只有當我們擁有了正確合理的自我期望後，正確信念才會樹立，潛能才會被激發，進而增大實現夢想的機率，縮短成功的距離。

合理規劃，實現夢想

未來在我們每個人的腦海中都是不一樣的，其中充滿了各種期待和想像。然而，對未來僅僅處於憧憬的狀態是不夠的，我們還要對它進行科學規劃，才能實現夢想。

美國一項研究中曾顯示，在接受調查的成功人士中，有94％的人所從事的工做為自己所熱愛的、擅長的，只有6％的人是透過繼承、機遇等其他因素獲得成功的。這項調查研究的最終結論是：當人們對某件事產生極大的興趣與喜好時，人們才會產生動力，並不遺餘力地為之奮鬥，將其做好。

因此，規劃未來的第一步就是要想清楚我們到底期望自己從事哪種工作，獲得哪樣的結果，變成怎樣的人。比如，在我們的職業規劃藍圖上，首先要考慮自己的興趣點在哪裡，然後找到符合自己興趣的相關工作，再對這些職業的種類以及工作內容等方面進行瞭解與比較，結合自身的能力與素質，選出最適合自己，並有一定學習與提升空間的工作，完成職業規劃的科學藍圖。

曾任職中國蘋果電腦最年輕副總裁、微軟中國研究院院長、帶領Google開發亞洲市場，並成立「創新工廠」（R&D工廠）的李開復，在一次採訪中，記者請他講述一下自己的心路歷程，李開復笑著說：「你們都不知道吧？我在大學所學的專業是法律，跟電腦可沒什麼關係！」

原來，青年時的李開復渴望成為一名律師，於是他順利地考入了美國哥倫比亞大學法律系。一年後，李開復發現自己對法律並沒有太大興趣，反而更加喜歡神秘而富有科技感的電腦。他每天都沉迷於軟體發展與編程的工作中，感到了前所未有的快樂。李開復說：「人生只有一次，我們不應該把時間浪費在沒有快樂感、沒有成就感的領域。」因此，大學二年級時，李開復毅然決然地放棄了法律系一年所修的學分，轉入電腦系學習。出於自己的興趣與愛好，李開復在電腦相關課程上格外用功，希望自己各科成績都能得到A，並下定決心為之努力。如今，他已經在電腦界擁有自己的一席之地，並取得了卓越的成績。最後，李開復告訴所有的年輕人：「工作的興趣與熱情是最重要的，只有從事能讓自己擁有強烈興趣的工作，才有可能把它做好。」

在我們身邊，有很多人在工作的領域上埋頭苦幹，十分努力，可是當我們問他這麼拼命工作是為了什麼時，他們往往答不出來。這時，我們應該意識到，他並沒有找到自己的興趣所在，也沒有樹立正確的自我期望，更沒有規劃好自己的未來，才會盲目地苦幹，最終迷失了成功的方向。

找到幸福路標，畫出幸福路線

我們生活在這個世上，總希望自己能夠幸福。沒錢的人說有錢才叫幸福，失敗的人說成功的人才叫幸福，一般人說有權有勢的人才叫幸福……我們在盲目羨慕他人的同時，卻親手矇蔽了自己那雙發現幸福的眼睛。其實，幸福一直在我們身邊，只有用真心去把握當下，體會每一個細節，才能找到幸福路標，畫出幸福路線。

擦亮發現幸福的眼睛

某心理工作室曾經收到過這樣一封來信：

心理專家您好，我是一名上班族。雖然我在最繁華最高級的辦公大樓中工作，職位不錯，薪水也足夠我生活，但我感受不到一絲一毫的樂趣。每天清晨，我擠上沙丁魚罐頭一樣的公車，然後上班，下班，吃飯，睡覺。臉部表情僵硬，每天都感覺枯燥麻木。我常常對自己說，以前的我不是這樣子的。曾經的我能為一首歌感動到流淚，為一本小說迷戀到廢寢忘食，但現在我好像對一切都無動於衷，變得冷血起來。前幾天是我30歲生日，朋友們紛紛發來祝福簡訊，同事們也熱情地問我要不要辦個party，可是我卻拒絕了大家的好意，因為我一點心情都沒有……我的幸福到底在哪裡？這個世界上是否真的有幸福？請專家們幫幫我！

根據專家們的分析，這位上班族的感受並不是個體案例，而是壓力叢生的現代社會中一種普遍現象。有的人為了在競爭和壓力都很大的職場中打拼，經常需要戴著職業化的面具出門。由於自身情感的長時間控制與壓抑，導致他們漸漸失去了自我，變成了面具上的模樣，缺乏幸福感的心靈也慢慢枯萎了起來。有的人生活過於單調，幾乎除了工作、吃飯、睡覺之外，沒有任何樂趣可言。

其實，工作也僅僅是他們逃避空虛的藉口，並不是什麼真正的樂趣。他們用過度的壓力填充心靈的空間，用工作彌補內心的空虛與寂寞。久而久之，就變成了定時炸彈，在崩潰之際將自己的幸福炸得蕩然無存。還有的人在生活中迷失了方向，就像迷失的羔羊一樣不知所措，最終在混沌的生活中失去了自我。

我們的生活越來越方便，越來越快捷，越來越人性化，為什麼充滿不幸福感的人越來越多呢？在一項全球幸福感調查報告中顯示，幸福感最強的國家並不是科技發達、GDP超高的北歐、美國、日本等大國，而是相對貧窮、管理封閉的不丹。這說明，幸福感與貧窮、富有、高低貴賤毫無關係，它只是人們心靈中一種最真實的感受，而這種感受會隨著我們的心靈視角發生變化。

法國著名雕塑家羅丹說過：「生活中所缺少的並不是美，而是對美的發現。」同樣，生活中也從來不缺少幸福，只是缺少我們發現幸福的眼睛。

掃除阻礙幸福的絆腳石

網友佳琪原本是一家保險公司的行銷專員，由於個性熱情，辦事能力突出，她在入職第一年就被公司評為年度工作之星，職業前景一片大好。佳琪非常喜歡小孩，她有一個美麗的夢想，就是以保險公司做為賺錢的途徑，在資金累積到後就辭職，自己開一家安親班，給孩子們打造一個幸福的空間。可是就在實現夢想的中途發生了一點意外，她與相戀多年的男友未婚先孕。出於對男友的愛，佳琪辭去了工作，專心回家孕育生產，做了全職媽媽。可是，男友卻辜負了她的一場付出，經常在外面沾花惹草，甚至夜不歸宿。

佳琪一邊照顧著可愛的女兒，一邊為丈夫的行為傷心欲絕。這時，曾經在校園時期追求過她的老同學歸國深造，並再次找到佳琪，向她表達了從未改變的愛意。正在佳琪猶豫不決時，她的男友又站了出來，用責任與家庭的束縛將佳琪牢牢套住。佳琪只好回絕了老同學的愛，盼著男友回心轉意。可是，男友依然花天酒地，無視家庭和妻女的存在。想到男友的背叛和自己夢想的破碎，佳琪絕望透頂，整個人都憔悴了起來。

在佳琪看來，意外懷孕是導致她摔倒在追求幸福之路上的主要原因。而在筆者看來，佳琪有了自己的孩子，開一家安親班會更有經驗，這何嘗不是一件好事呢？人首先要自助，才能得到天助和人助。佳琪應當轉換一下注意力，把對男友的期許放回到自己身上，用更多的精力去達成夢想。

抵達幸福終點的阻礙有很多，但這些所謂的絆腳石，大多是我們的觀念與情緒在作祟。貪婪會讓我們因為一件想得到卻又得不到的物品而感到懊惱，嫉妒會讓我們在別人獲得成功時喪失了自己的志氣和動力。這時，我們要清楚一件事：任何碰撞都有可能使我們摔跤，但絕不會讓我們永遠爬不起來。只要我們放下絕望與恐懼的心理，盡快站起身，拍拍身上的泥土，把目光從眼前的障礙物轉移開來，嘗試從其他途徑尋找突破，或者將目光放得長遠一些，就能輕而易舉地掃除眼前阻礙幸福的絆腳石。

幸福之門就在當下

幸福沒有高低貴賤等級之分，我們每個人都有資格，也都有機會敲開幸福之門。

從前，這個世界上有一件神奇而美好的東西，名叫幸福。一位年輕男子很想得到它，就去向鄰居討教。鄰居笑著說：「你找對人了，我就是一個擁有幸福的人！」說著，鄰居把自己的幸福拿出來，展示給年輕男子看，原來是一雙五彩斑斕、雕琢精細的水晶鞋。於是，年輕男子記住幸福的樣子，踏上了尋找的路程。他翻過了幾座山，穿過了許多村落，依然沒有收穫。男子心中充滿了沮喪與失落，認為自己是個得不到幸福的人，甚至懷疑這世上是否真的有幸福。

一天夜裡，年輕男子走得口乾舌燥，腹中飢餓，剛好路過一座寺院，他打算在這裡留宿一夜。交談中，寺院長老得知了男子尋找幸福的故事，便笑著對男子說：「年輕人，據我所知，這個世界上的幸福不一定是水晶鞋的樣子，不如你去找一雙適合自己的鞋。」年輕男子聽了長老的話，穿上了一雙合腳的平底布鞋。在這一瞬間，他驚奇地發現，腳上的布鞋頓時變成了光彩熠熠的水晶鞋。年輕男子恍然大悟道：「我一直以為幸福在遠方，原來就在我的腳下！」

這個故事告訴我們，幸福就在我們的面前，每個人都有權利得到它。只要我們掌握了幸福的鑰匙，就可以在任何時候親手為自己開啟幸福之門，獲取無價的寶藏。

幸福之門的鑰匙很容易獲取，它並不在別處，就在當下。

我們搭乘公車時，看到有人開著私家車；我們吃速食時，看到有人在食用高檔料理。物質上的差距讓我們的心中發生波動，產生分歧。不知足的人會抱怨自己，嫉妒他人，縱然擁有的已經很多，卻毫無快樂的感覺。只有懂得知足的人才能享受當下所擁有的一切，也才能體會到真正的幸福。

當我們與他人發生衝突，意見產生分歧時。有的人會怒髮衝冠，喋喋不休地指責對方的錯誤，強勢地要求對方聽取自己的觀點，最終很可能是互不買帳，衝突激化，兩敗俱傷。而有的人選擇忍讓，他們明白懂得用忍讓的力量化解衝突與仇恨的人必將結交更多善緣，也一定會獲得幸福快樂。

只有我們學會用做人的美德去面對生活中的人和事，就會在無聲無息中握緊幸福的鑰匙，開啟那扇神秘而美好的幸福之門，踏上積極而快樂的人生路程。

無所事事的人是不可能快樂的

《論語》中有言：「子曰：『飽食終日，無所用心，難矣哉！』」意思就是說，整天食量超過身體所需，又不動腦筋，什麼事也不做，這種無所事事的行為是不可取的。我們人生的價值在於創造，沒有創造的狀態只能叫活著，毫無意義可言。只有讓大腦積極地轉動，我們才能體會到生命的真諦，感受到快樂的滋味。

無所事事的大腦會暫停

人生就像一列火車，從起點駛向終點，但卻沒人能知道自己的終點在哪裡。於是，有的人走得遠，有的人走得近。有的人樂觀積極，從容優雅地欣賞著沿途五彩繽紛的風景，感慨人生多麼美好；有的人消極低迷，在推移和擁擠中窘迫地趕路。選擇做人生旅途上哪種類型的人，完全取決於我們每個人對生活的態度。

吳文剛和黃曉琪是一對剛剛開始進入職場的年輕戀人，他們出自同一所大學，畢業後又攜手來到同一家公司效力，關係十分親近。起初，吳文剛與黃曉琪分別擔任兩大總監的助理，算是站在同一起跑線上。但在兩年後，吳文剛搖身一變成了該部門的專案經理，黃曉琪卻依然原地踏步。總監助理的每日工作流程非常規律，早晨幫助總監整理辦公桌，準備當天所需要的相關檔案及聯繫人電話，然後在自己的崗位待命，以便總監有需要時第一時間回應。黃曉琪認為這樣的工作很無聊，如果總監很忙，可能一整天都不會理睬她，這讓她感到工作中的大部分時間都是無所事事的。

而吳文剛卻不這樣認為，他覺得規律的工作剛好能夠安排出空閒時間，用這些時間學習一些相關職業技能和知識，提高一下自身能力和水準，豈不是一件邊工作邊學習的雙料美事。於是，吳文剛像塊海綿一樣，利用空閒的時間向同事們請教學習，汲取工作中的養料，讓自己盡快獲得提升。在一次會議上，吳文剛利用專業知識巧妙地幫助總監解圍，得到了大家的一致讚賞，並獲得了總監的提拔，成為公司中青年才俊。相反，黃曉琪卻利用每天的待命時間胡思亂想，虛度了寶貴的時間，也浪費很多提升的機會。

美國波士頓哈佛商學院的學者們在研究中發現：人們的大腦中有一種控制思想的暫停裝置，當大腦處於無所事事的狀態時，這個裝置就會發生作用。當我們每天在重複著一項過於單調、毫無新意的工作時，我們大腦中的暫停裝置就會啟動，它會將我們很自然地帶進一種神遊的狀態，也就是我們所說的做白日夢。黃曉琪正是由於對工作提不起興趣，才啟動了大腦的暫停裝置，讓自己整天胡思亂想，無所事事。如果不對自己的生活習慣進行改變，不能對大腦加以控制，那麼這種神遊的狀態就會經常出現，最終讓我們停滯不前。

為了不讓大腦暫停甚至萎縮，我們應當充實自我，避免無所事事的狀態發生。我們可以利用空閒時間聽聽音樂，讀讀書，盡量去做喜歡的事情，以此充實自己。也可以為自己訂一個目標，當大腦的暫停裝置即將啟動時，用我們心靈的力量去約束它，告訴自己還有目標尚未達成，不能讓思想暫停。只有我們戰勝了無所事事帶來的迷茫與空虛感，才能成為積極人生的創造者，為快樂與成功領航。

控制好身心的惰性

在動物園中我們常常能看見獅子、老虎大部分時間都臥在樹蔭下睡覺，黑熊趴在洞口一動也不動地瞇著眼，大猩猩能待在角落呆坐上一整天。實際上，牠們是想透過這種慵懶的方式保存自身的能量，進而累積更多的體力去獵取食物，補充新的能量，同時也防止自己成為其他動物的餐點。其實，這種懶惰的基因並不是動物的專屬，在我們人類身上也有很明顯的表現。

雖然我們現在的生活早已經告別了原始狀態，不用再為了生存而保存體力，可是我們還是會無意識地在自己身上儲存脂肪。惰性的基因不僅讓我們減肥失敗，甚至還會導致我們的健康亮起紅燈。在一檔電視節目中，編導們曾經做過一次關於節食減肥失敗原因的調查。他們將二十名節食減肥失敗者請到節目現場，對其進行採訪問答。結果令觀眾們非常震驚，這些失敗者都是在一次飽餐後產生了減肥的惰性，放棄了節食的念頭，最後重新將自己埋在沙發裡，抱起了零食。這個案例說明，我們的惰性常常在強大的誘惑下變成一隻怪獸，吞噬著我們原本堅定的信念。

許多人常常認為未來很遙遠，日子還很長，我們可以慢慢去努力。可是，明日復明日，明日何其多。當我們眼睛花了，牙齒掉了，頭髮白了，背也駝了，我們還會這樣認為嗎？恐怕那時的我們回想著生命中被自己浪費的那些無所事事的日子，也就只剩下了一聲嘆息。

蘇格蘭文壇怪傑卡萊爾曾說：「世界上只有一個怪物，那就是懶惰。」是的，如果不能控制好我們身心的惰性，那就如同放任自己變成一個自欺欺人、一事無成的怪物，最終跌入失敗的深谷。相反，如果我們不再為自己的懶惰找藉口，並時常自省，督促自己避免養成懶惰的習慣，就會成為一個有責任感的人，獲得成功和快樂。

忙碌是人生的「神仙水」

忙碌是避免懶惰的好辦法，也是告別無所事事的好方式。

在生活中，我們為各自的事情忙碌著，而感受卻往往只有兩種：忙得開心，忙得要死。

曉娟是一家廣告公司的櫃檯文書職員，每天的工作內容十分繁雜。除了在櫃檯接待來訪人員，轉接總機電話，接收發送傳真，還要幫助設計部列印圖紙，幫助商務部製作競標書，幫助各部門預訂午餐及會議室等事務……一天下來，曉娟的臉上就再也沒有了笑容的模樣，總是苦大仇深地回到家，向丈夫發洩心中的不滿，還不時地抱怨道：「我每天忙得要死，去洗手間都要快去快回，一會兒兒要我做這個，一會兒兒要我做那個，就算我有八隻手也應付不過來啊！況且我是一個小小的文書職員，薪水也不高，真是欠公司的，倒楣！」

丈夫笑著說：「親愛的，妳看那些窗子邊的蒼蠅，牠們想飛出房間，於是在玻璃前亂撞，甚至把自己撞暈在窗臺上，卻看不到旁邊有一條縫隙可以出入。妳再看看螞蟻，牠們搬家的時候分工有序，有條有理，大雨來臨之前一定完成全部洞穴的遷徙，保障所有螞蟻的安全。我們做事也一樣，不應該像無頭蒼蠅那樣亂撞，而是應該有章法有節奏的忙碌。」

曉娟聽了丈夫的話後感到十分欣慰，她決定學著螞蟻的樣子做做看。第二天上班，曉娟為自己的工作規劃一些安排，首先她向全公司同事發送了一封郵件，信中提到：第一，希望預訂會議室的同事能夠提前一天提交申請；第二，需要製作標書的部門請提前兩小時將檔案傳達到櫃檯電腦中，並向櫃檯人員告知；第三，櫃檯工作人員將於每天10點半統計午餐人數，請大家配合。

此後，曉娟的工作慢慢變得有節奏有規律，不僅有足夠的時間去洗手間，還能忙裡偷閒休息一下。她在忙碌的工作中感受到了一種樂趣，從此不再向丈夫抱怨，每天也都能揚起笑臉。

在我們的身邊，有很多人像曾經的曉娟一樣忙得不可開交，心浮氣躁。其實，只要我們能夠學會「人忙心不忙」，懂得分工與授權，分散與彙總，就能把繁冗的工作清晰化，複雜的事情簡單化。只有懂得分清輕重緩急去做事，才能舉重若輕，不至於像無頭蒼蠅一樣不分輕重，辛苦地亂撞。

有的人說：「我忙了半天，感覺自己真是白忙一場！」實際上，我們的人生中根本沒有白忙的時候。有的人在忙碌中獲得了金錢，有的人在忙碌中獲得了婚姻，有的人在忙碌中取得了成就，還有的人在忙碌中鍛鍊了身體。與其說白忙一場，不如說自己不知道在忙什麼。其實，所有為人忙的事情，都會對自己有利。忙事業可以得到升官發財的機會，忙家庭可以營造和諧的氛圍，忙愛情可以讓你收穫更多幸福快樂……總之，懂得忙碌的人會把它看作是一瓶人生的神仙水，用來滋潤身心，激發無限活力。

勇於接受挑戰，戰勝自我恐懼

當我們面對某些機會或者變故，心中往往會產生對未知事物的恐懼感。這種恐懼感能將我們帶入充滿挑戰的角鬥場，也能將我們領進消極畏縮的深淵。恐懼感可以接納，但不應該被它征服而沉溺於此。

只有戰勝恐懼，才能抓住每一個機遇，超越自我。

恐懼心理讓人失控

從前，有四個年輕人共同離家出走，決定一起闖蕩天涯。走著走著，他們來到一處地勢險峻的山崖邊。兩座山峰高聳陡峭，腳下是湍急的河流，只有一座獨木橋能夠通往山崖對面的平原，而且這座獨木橋狹窄到只能容下一人。四個年輕人都拿不定主意，站在原地猶豫起來。許久後，一個年輕人突然起身，腳步穩健地踏上了獨木橋，用了不到1分鐘的時間便輕鬆通過。隨後，第二個年輕人也走到橋邊，他顫顫巍巍地站在獨木橋上，一步一步地挪著腳。幾分鐘後，他也順利到達了平原。這時，第三個年輕人搖搖晃晃地踏上了獨木橋，他一會兒看看頭上的山峰，一會兒看看腳下的河水，突然失去了平衡，墜落山澗而亡。第四個年輕人被眼前的一幕嚇壞了，他哆哆嗦嗦地向對面喊道：「我不想冒這麼大的風險了！我在這裡搭一間茅草屋住下，你們兩人繼續走吧！」

這個小故事中，四個同樣年輕健康的人在面對同一種處境時，為什麼會有如此截然不同地結局呢？實際上，這是恐懼心理在作祟。

在我們每個人的心中都有一個平衡系統，它能在自我與現實之間做出一種協調。雖然這種平衡我們看不見也摸不著，但它卻能對我們自身做出決定性的掌控。也就是說，我們是順利通過獨木橋，還是在原地安營，或是墜入山澗一命嗚呼，全都取決於這一平衡系統。然而這一系統中最關鍵的因素，就是我們對周圍的不確定性所產生的無所適從的恐懼心理。

當我們認為現實的環境小於心中的恐懼時，我們就能輕鬆過橋。當我們心中的恐懼遠遠大於現實環境時，就會像第四位年輕人一樣不敢接受挑戰。而當我們的恐懼心理與現實環境衡量得不相上下時，結局就會出現兩種，如果我們的內心能夠駕馭住恐懼的因子，那麼就能在搖搖晃晃中通過獨木橋。如果恐懼心理在挑戰途中漸漸放大，甚至填滿了整個內心世界，那麼我們就會出現失控的狀態，在驚慌中跌落山崖。

恐懼心理在我們的內心平衡系統中發揮了至關重要的作用，它決定了我們能否勇敢而又順利地通過人生道路上的每一座獨木橋，也決定了我們能否獲得真正的成功與快樂。只有我們用強大的意志力和駕馭力，去征服內心世界中的恐懼因子，才能有效地避免失控狀態出現，保持內心系統的平衡。

打敗心中的「紙老虎」

某公司準備進行一次裁員活動，涉及到了所有部門，範圍非常廣，一時間公司內部議論紛紛。有的人氣憤又緊張地說：「我在這裡做了10年，算是骨灰級員工了。如果把我炒魷魚，那簡直是太不人道了！如今行業不景氣，一時很難找到新工作。我的房貸要還，老婆又懷了孕，再加上日常開銷，如果沒有工作的話，我可真是無法活了！」

有的人搖搖頭說：「我也在這家公司做了10年，一直沒有勇氣主動離開，如今倒是一個不錯的機會呢！至於房貸，我可以把房子租出去，帶著老婆搬到環境更好、房子稍小的地方去，這樣不僅能用房租還貸款，還能照顧老婆。當然，如果能藉著這次機會跳槽到更適合我的地方，那簡直就是重生！」

面對裁員和生活的種種壓力，兩位員工的態度反映出了兩種心理狀態。一種是習慣於熟悉而又穩定的處境，害怕接受新的挑戰，喜歡一切都在自己的掌控之中。當意外或變故出現，那些未知的、不確定的因素撲面而來時，這種人就會被恐懼的心理打敗，無法從失去掌控的無助感中站起來。因此，他們往往會選擇逃避，寧可守在毫無樂趣、一成不變的窠臼，也不願走出來看看大千世界。

而另一種截然不同。他們不願舒適地重複著熟悉的動作與感受，也不願再過這種百無聊賴、毫無新鮮感的生活。於是，他們把這次裁員看作是生命中的一次轉機，並對生活重新燃起了興趣與好奇心。在他們心中，早已做好了迎接嶄新未來的準備，也鼓足了面對意外和轉變所需要的勇氣，同時，恐懼心理也早已蕩然無存。

美國第三十二任總統羅斯福曾說：「我們所不得不畏懼的唯一東西，就是畏懼本身，這種難以名狀、失去理智和毫無道理的恐懼，麻痺人的意志，把人們轉退為進所需的種種努力化為泡影。」的確，恐懼心理會讓我們變得脆弱，對未知的事物敬而遠之，最終把自己封閉在一個狹隘的空間裡。我們從小就聽過〈狼來了〉的故事，因為別人的一聲呼叫，我們便拔腿逃跑。到最後，有幾個人真正見到了狼的樣子，又有幾個人見識到了狼的可怕呢？其實，真正值得我們恐懼的，只有恐懼本身。

恐懼感原本就像一隻貓，可是偏偏被我們誤認為是一隻虎，並且張著血盆大口，想把我們吞入恐懼的漩渦。我們不妨想想，如果是隻真老虎，牠哪裡還會給我們時間思考，恐怕早就把我們吃掉了。嘗試著鼓足勇氣，用心的力量給牠迎頭一棒，你會驚奇地發現，恐懼不過是隻紙老虎罷了！

熱愛挑戰，超越自我

美國南北戰爭後在軍中進行了一次議員競選，其中最有競爭力的兩位競選人分別是內戰中的英雄陶克將軍，以及他的部下士兵約翰．艾倫。首先發表競選宣言的是陶克將軍，他昂首挺胸地來到演講臺，慷慨激昂地說：「同胞們，十七年前我帶領軍隊與敵人浴血奮戰，在山林中度過了艱難的一夜。如果你們還記得那場卓越的戰鬥，請在投票前，想想那些歷盡艱險、屢獲戰功的人！」將軍演講完畢後，士兵約翰．艾倫步伐穩健地走到演講臺前說：「同胞們，陶克將軍說得不錯，那場戰爭中他確實立下了奇功。當時的我是他手下一名士兵，我曾為他衝鋒陷陣，不畏生死。當他在山林中睡覺的時候，我正手握鋼槍，在刺骨的寒風中站崗，守衛著將軍。」話音剛落，臺下的士兵們報以熱烈的掌聲，大家將自己寶貴的一票紛紛投給了約翰．艾倫，助他成功當選為議員。

競選結束後，記者問約翰．艾倫在競選前的心情如何，這位新上任的議員說：「跟自己的將軍競爭，我知道勝算很小，也難免害怕和猶豫，但是我並不想放棄這次挑戰，也不想失去超越自己的機會。」

表面上看，一名默默無聞的一般士兵與一位名聲顯赫的將軍對壘，士兵無疑要處於劣勢。但是，約翰．艾倫勇敢地接受了將軍的挑戰，並用自己堅韌的意志與智慧的頭腦贏得了最終的勝利，也超越了從前的自己。

在我們每個人的心裡，都有一塊叫做恐懼的地盤。它所表現出來的就是對不瞭解的人或事物的懼怕。從小，我們怕醫生、怕老師，長大後我們怕失戀、怕失業，漸漸地，我們又開始怕衰老、怕死去……懼怕的內容會隨著我們的生活和經歷而發生改變，但它的地盤始終存在於我們的心中。這塊地盤可大可小，它與我們的勇氣是息息相關、相互對應的。恐懼的地盤越大，勇氣的面積就越小，我們的心中就會被一層灰色籠罩，不敢面對新事物，更沒有勇氣接受挑戰。相反，如果我們憑藉勇氣的力量壓制恐懼的地盤，我們的心中就會充滿陽光的力量，積極面對挑戰，實現自我的超越。

麥當勞第二代掌門人雷．克雷克最為信奉的座右銘是：「世上沒有任何事能取代挑戰，超越自我才能贏得一切！」的確，沒有勇氣，就沒有機遇；沒有挑戰，就沒有成功。我們應當合理地控制恐懼的地盤，用勇氣的力量接受考驗與挑戰，化每一個「不可能」為「可能」，才能昂首闊步地走在人生大道上。

Chapter 4

幸福是心靈的平衡點

——別讓壓力擠走快樂

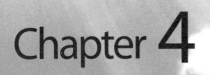

增強心靈彈性，讓壓力落荒而逃

我們生活在一個充滿變化的環境中，身心都需要有一定的彈性。只有能屈能伸、遊刃有餘的人才能巧妙地緩解自身壓力，輕鬆自在地生活。

別讓自己「無法自拔」

生活中，壓力可謂無處不在，學業壓力、晉升壓力、經濟壓力、情感壓力、婚姻壓力、人際關係壓力……種種壓力壓在我們的肩上，降低了我們前進的速度，甚至阻礙了向前的步伐。我們總希望能夠卸下所有的壓力輕裝前進，然而卻沒有一個人可以毫無壓力地生存。如果空氣失去了壓力，我們的呼吸就會衰竭；如果血液失去了壓力，我們的身體就會癱瘓。這不僅說明壓力存在的必要性，也告訴我們，適當的壓力不僅不會成為累贅，反而是一劑激發身心活性的強力針。

某鞋廠最近招募了一批應屆畢業生，人事部門將這批畢業生分成兩人一組，安插到不同的工作上，王心丹與陳亮杰一同被派遣到生產一線上進行實習工作。王心丹每日準時工作，跟隨技術員從頭學起，按部就班地完成工作，顯得有條不紊。陳亮杰個性開朗，但是有些粗心，由於運動鞋生產線對工藝和針腳要求得非常苛刻，不夠仔細的陳亮杰經常受到指責。他十分擔心自己過不了試用期，因此平添了許多心理上的壓力。為了得到這份工作，陳亮杰每日更加賣力地打拼，希望用產量戰勝王心丹。他經常加班，廢寢忘食，忙得昏天暗地，甚至忘記了自己的生日和朋友的聚會。實習期滿後，人事部門決定把王心丹留在工廠，辭退了陳亮杰。理由是：陳亮杰像一部失控的機器發狂地工作著，說明他是個沒有彈性的人，這種人公司不予聘用。

當我們的身心壓力過大時，就會出現像陳亮杰一樣無法自拔的狀態，不顧一切地埋頭苦幹，甚至忘了自己這樣做究竟是為了什麼，必然無法獲得理想的結果。就像天上的太陽，冬日裡和煦的陽光讓我們感到舒服溫暖，如果把陽光的強度增加10倍，那麼它就會像一個火球，把我們烤熟。因此，我們在面對壓力時，一定要懂得運用充滿彈性的心靈之力，來控制壓力的強度，把它限定在適度的範圍內。

拿得起也要放得下

張女士30歲就當上了某上市公司的行政總監，工作時兢兢業業，一絲不苟，像個嚴厲冷酷的女王，然而在工作之餘，她又像姐姐一樣親切和藹。張女士事業有成，家庭幸福，算是大家眼中的成功女性。可是，她總喜歡唉聲嘆氣，在不經意間流露出一種憂鬱的神情。聊天時，張女士說：「雖然目前一切都還好，可是一想到女兒要入學、老公要晉升，我就頭痛。女兒會不會被同學欺負，能不能認真聽講呢？老公晉升需要到國外深造幾個月，他能不能安分守己，不被外界所誘惑呢？如果他晉升成功，那麼收入也會跟著提高，俗話說男人有錢就變壞，他還會對我和女兒像以前那樣嗎？會不會變壞呢？……」張女士常常為家庭的事情煩惱憂愁，整個人也顯得十分疲倦。丈夫出國不久，她就小病不斷，工作時也不像以前那樣神采奕奕，總是滿面愁容、無精打采，變得未老先衰。

張女士之所以感到疲憊，一是因為她十分重視女兒與丈夫的感情，二是因為她習慣於把一些看重的事情懸在心裡，怎麼也放不下來，導致身心越來越累。久而久之，這種憂慮就會讓心理產生疲勞，甚至發展為心理障礙。

英國科學家貝佛里奇曾指出：「疲勞過度的人就是在追逐死亡。」可見，拿得起卻放不下的憂慮心理對我們身心的危害巨大。唐朝著名醫藥家孫思邈102歲壽終，他的長壽秘訣就是：「養生之道，常欲小勞，但莫大疲，莫憂思，莫大怒，莫悲愁，莫大懼，勿把忿恨耿耿於懷。」因此，為了我們的身心健康，應該即時將自己從憂愁的情緒中脫離出來，做個拿得起更放得下的人。

人世間最說不清道不明的就是情，如果能夠理智清醒地處理每一段感情，我們也就能走出糾結與困惑，輕鬆開朗地生活。拿得起卻放不下的人會為自己的身心招惹不必要的疾病和厭煩，如果我們能夠把憂愁放下，用微笑去沖洗那些沒必要流下的眼淚，那麼我們就能脫離憂鬱的陰霾，感受放下的幸福。

當我們不再為一點點的不公平而耿耿於懷，不再糾結於對未來的無端揣測或令人傷心的曾經過往，我們也就做到了真正的拿得起也放得下。《幽窗小記》曾有言：「寵辱不驚，看庭前花開花落；去留無意，望天上雲捲雲舒。」就是教我們增強內心的彈性，做個泰然自若的人。

能屈能伸，收放自如

小雅是個身材苗條、相貌清秀的漂亮姑娘。在與她的聊天中，我發現她是一個外表看起來瀟灑，內心世界卻充滿憂鬱的脆弱女孩。小雅說，她每天的心情會有很多次起伏，常常因為一些小事而一蹶不振。每天清晨打開窗簾，如果看到的是陰雨天氣，她的心情就會驟然低落，一整天都提不起精神；如果辦公桌上的植栽枯萎死亡，她就會感慨生命的無常，然後唉聲嘆氣地工作；下班後與男友約會逛街，如果遇到沿街乞討的人，她就會嘆息這個世界的不公和現實生活的殘酷。工作中，只要上司對自己有一點不滿，小雅的情緒就會低落到極點，甚至會提出辭呈；生活中，與男朋友發生一點小摩擦，她就會哭成個淚人，要死要活。就這樣，幾任男友與她相處一段時間後都會出現不適應感，最終無奈宣告分手。其實，小雅的家境與個人條件都不錯，她大可不必活得如此憂鬱，而導致她經常不堪一擊、一副慘狀的真正原因，是一顆缺少彈性的心靈。

如果一個人的心靈缺乏彈性，那麼他就像是一件易碎品，很容易受傷，甚至毀滅。案例中的小雅是一位典型的心靈彈性不足者，這種人在面對壓力時往往首先亂了陣腳，把小事放大，把易事看難，最終失去積極進取的心力，成為失敗者。

還有的人與小雅不同，他們個性真誠坦率，為人剛直不阿，對人對事從不妥協，從不接受虛偽做作。這種人儘管心地善良，說一不二，但是他們剛強堅硬的個性也很難讓他人接受。

在現實生活中，我們的內心應該像玻璃一樣明朗，像藤條一樣柔韌，用靈活多變、富有彈性的心靈面對一切。當身處事業低谷時，保持一顆平常心，在興趣範圍內開發自己的新能力，開拓一片新領域；當情感出現低潮時，也應泰然視之，做個深呼吸為自己放鬆，付出情感的同時也要告訴自己：我能接受任何結果。

心靈有了彈性，才能不以物喜，不以己悲，從容面對人生旅途中的各種考驗，輕鬆化解一切壓力。

與其投資結果，不如投資過程

我們都想在工作和生活中取得滿意的成果，並認為自己的付出就應該有所收穫。可是我們往往忽視了最重要的一點，那就是我們可以控制自己的行動，卻無法精準地掌握結果。結果有時令我們開心，有時卻讓我們跌破眼鏡。所以，與其投資結果，不如投資過程。

太注重結果等於提前失敗

在職場中，我們常常會聽到上司說：「別給我描述過程，我只想聽結果！」「別告訴我你是如何努力的，我只注重結果。」「別跟我解釋，如果結果不如意，你就什麼都不用說了，直接給我走人！」這些話像一顆顆子彈，瞬間擊碎了員工的信心，扼殺了所有的努力。

人與人最大的差別不是身高和長相，而是思想與意志。如果想得到期望中的結果，那麼就必須在思想上做好工作。上司一味地要求結果，卻忽視了對員工的思想激勵，沒有積極進取之心和堅韌意志的員工，如何能為上司創造滿意的結果？相反，如果上司能夠重視每位員工的日常職能訓練與思想培養，鍛鍊員工養成積極思考的習慣和頑強奮鬥的意志，那麼在挑戰來臨時，大家就能屢敗屢戰，最終獲得期望中的結果。因此，盲目地重視結果並不能收到滿意的效果，只有在追求結果前付出努力才是必要的。

很多公司喜歡用末位淘汰式的考核制度評價員工，以一個小組或部門為單位，將每個員工的績效順次排位，倒數幾名員工將面臨辭退和制裁。然而根據有關調查顯示，長期使用末位淘汰制可使企業失去10%的最優秀員工。因為末位10%的員工可能恰恰是團隊中的精神凝聚人物，他們的離去會使整個團隊的良好氛圍消失，員工們因此感到失落和無趣，進而產生消極怠工的心態。事實顯示，在很多時候，一心想著追求結果，反而會提前失敗。

拿破崙曾有一句名言：「不想當將軍的士兵不是好士兵。」每個人都應該有自己所嚮往的結果，理想的結果是我們每個人的奮鬥目標，對於結果的期望則是我們的動力之源，我們願意為了理想付出無限的精力和體力。但是，如果我們總是為結果是否理想而斤斤計較，甚至相互指責的話，那麼我們就永遠活在憤憤不平中，無法感受過程所帶來的喜悅。只要我們不放棄，只要我們繼續努力，那麼我們就不會虛度此生，不會失敗。

享受過程，品味人生

榮獲奧斯卡金像獎的美國電影《阿甘正傳》，講述了先天弱智的阿甘最終闖出了一片屬於自己的天空。本片從一片飄搖的羽毛開始，也在一片迎風而落的羽毛中結束。它的寓意就像是人生，每個人都是赤裸裸地來，赤裸裸地去，什麼也帶不走。唯一不同的，就是我們各自跌宕起伏的經歷和過程。人生的旅途對每個人來說都只能走一次，途中無論遇到什麼艱難險阻，都是獨一無二的體驗。儘管生命最終歸於平靜，但是如果我們能夠學會享受每一段奇妙的旅程，也就不虛此生了。

人生除了起點與終點之外，剩下的就是過程。世上沒有哪個人是為了體驗痛苦而來，也沒有哪個人是毫無感受地麻木而去。在生命給予的有限過程中，我們應當努力追求快樂，盡情享受幸福。雖然人生總有不如意，也不是每個期望中的結果都能實現。但是，只要能在經歷酸甜苦辣的過程中有所感悟，那麼我們也算是享受了過程，獲得了珍貴的體驗。

三國時期，蜀國軍師諸葛亮是個不可多得的奇才，他一心想統一中原，光復漢室，可是最終也沒能實現這個願望。儘管如此，他仍然被後世稱為「忠臣的楷模，治國的典範」。人生中有很多事情的結果都是未知的，我們大可不必聚精會神地盯著它。我們應該做的，就是把自己的身心全部投入到過程中。只有這樣，你才能品味世間百態，發現生活之美，感受生活之趣。

想要獲得成果必先專注過程

美國人約翰．伍登是NBA籃球史上以運動員和教練員雙重身分入選奈史密斯籃球榮譽紀念館的第一人。在還是籃球運動員時，他曾說過：「每次打完比賽，我都會對著穿衣鏡捫心自問，自己是不是已經發揮了最大的潛力，是不是真的盡力了。如果是，那麼結果和比數完全不重要；如果我接受不了這場比賽的分數，那麼就說明我並沒有全力以赴，並沒有專注其中。」

我們都知道，人生的路並非是一帆風順，總會出現顛簸和曲折。很多時候，我們都沒辦法預料事情的結局，更沒辦法控制它的結果。我們唯一能做的，就是讓自己專注其中，把握過程。

從走出校門的那一刻起，我們便產生了對於未來的憧憬。有人希望找一份安穩的工作，拿固定的薪水，建立牢靠的家庭，享受規律的幸福生活；有人希望獨自創業，在商海掀起一番風浪，做個成功的商人；還有人希望找一份高收入的工作努力幾年，然後拿著積蓄環遊世界，樂享人生……當我們懷著不同的夢想走出社會開始打拼時，才發現決定自己生活品質的因素不是權力與地位，也不是知識與金錢，而是心靈的力量。

美國著名音樂家雅尼曾經說過：「專注的意志是不可思議的。如果你擁有夢想，而且遇到再大的障礙也絕不放棄的話，那麼生活中的困難便會消失，你也會得到你所期望的。這真的會發生，而且真的有用。」

很多時候，我們的目標並不是那麼難以實現，高不可攀，只是由於我們太過在乎結果，而對過程不夠專注。想成為一流的名廚，必須專注於日常的刀工雕刻與烹飪技巧；想成為著名的歌唱家，必須專注於每一次發音練習；想成為一級方程式賽車手，必須專注於每一次的過彎超車訓練。只有專注才能專業，只有專注才能造就成功。因此，在樹立正確的目標後，我們不妨把對於結果的期待暫時放一放，嘗試著集中精神，專注於實現夢想的每一個時刻。到那時，我們就會發現，自己已經成功一半了。

悅納自己，學會接受缺憾

古語有言：「金無足赤，人無完人。」在現實生活中，沒有一個人是十全十美、毫無瑕疵的。我們的身上或多或少都存在著一些缺點與不足，有的可以透過行動去改變，有的可能跟隨我們一生。既然有些遺憾無法改變，我們不如坦然地悅納接受，用從容而真誠的態度面對自己，面對世界。

自卑的人會失去幸福

淑筠從小個性靦腆，由於身材比較臃腫，臉蛋又圓，讓她看起來比實際還要胖很多，同學們總喜歡調侃她，還給她取個外號叫「胖妹」。害羞的淑筠漸漸變得自卑起來，不願與同學們相處，更不願參加室外活動。她覺得自己和別人不一樣，是個討人厭的醜女孩。長大之後，淑筠聽從父母的安排，嫁給一個比她大8歲的男人。丈夫一家人對她非常好，公婆也待她像親生女兒一樣，可是這並沒能改變淑筠自卑的心態。她把大家對自己的好看作是一種憐憫，認為自己極其卑微。

幾年後，淑筠生下了一個又白又胖的女孩，全家人喜出望外，更對她加倍疼愛，但她卻始終悶悶不樂。一次，婆婆尋找機會與淑筠談心，請她說出自己的心裡話。淑筠說：「從小我就是個不討人喜歡的胖妹，長大後也總是慘兮兮的，讓您全家可憐，如今沒能為您家生下男孩，我覺得自己是個徹頭徹尾的失敗者。」

婆婆聽後笑著說：「傻孩子，妳什麼問題都沒有，唯一的問題出在妳的內心。要知道，自卑的人就算泡在蜜罐裡，也無法品嚐到甜蜜的滋味。」剎那間，婆婆的話點醒了淑筠。從此，她努力改變著自卑的心態，積極參加社交活動，還和女兒一起表演節目，贏得了陣陣掌聲。就這樣，淑筠成功地變身為一個陽光自信的漂亮媽媽。

在現實生活中，像淑筠一樣自卑的人不在少數。他們也許是對自己的要求過於苛刻和完美，也許是過於看輕自己，低估自己的能力，導致真實的自我與理想中的自我出現較大落差，最終無法面對現實。如果我們捫心自問：「我真的喜歡自己嗎？」恐怕大多數人都不能迅速地給出肯定的答案，因為我們總是能列舉出自己身上這樣或那樣的問題和毛病，並為此煩惱不已。

也正是我們身上存在的這些問題和毛病影響了我們的判斷，讓我們漸漸低估自己，變得自卑。金無足赤，人無完人，世間萬事萬物皆有缺憾，根本沒有絕對的完美。既然如此，我們為何不能正視自己，肯定自我優點的同時，也能夠正確地認識自身缺點，接受一個真正、完整的自己呢？

小說家鄭豐喜先生從小身患小兒麻痺症，由於身體的缺陷，他經常遭受同學們的欺負。但他並不為此感到自卑，而是以堅忍不拔的意志和頑強的精神刻苦學習，同時也組建了幸福美滿的家庭。在妻子的支持下，他把自己的人生經歷寫成一本小說——《汪洋中的一條船》，利用自己的故事鼓勵殘障人士，激勵社會上每一個自卑的人。

我們每個人都是世界上唯一的那個人，心中都擁有著價值連城的寶藏，那就是自信，是對自我正確、完整的認知。我們要發揮這座寶藏的力量，讓自己成為快樂的、身心健康的人。只有這樣，自卑才會悄然離去，幸福才會與我們相擁。

別再玩自娛自樂的遊戲

某時尚雜誌上曾經刊登過這樣一幅漫畫：一位臃腫的胖婦人站在穿衣鏡前搔首弄姿，滿面笑容地欣賞著自己的美麗。鏡子中的她非常纖細高ㄊ一ㄠ，線條十分優美，彷彿是一個亭亭玉立的妙齡少女。其實，並不是鏡子被賦予了什麼魔力，而是胖婦人穿了一件黑白相間的裙子，站在黑色的背景前，裙子上黑色的部分剛好處在她的腰胯部分，與黑色的背景重疊後，臃腫的婦人就像被施了魔法，變成了一位苗條佳人。

這不僅僅是一幅充滿想像力的漫畫，更是現在生活中很多人的真實寫照。這些人深知自己的身上有這樣或那樣的缺點，卻不願正確看待它，更不想接受它，即使到了非要面對不可的時候，也會找出一些方法來遮掩缺憾。畫中的胖婦人明明知道自己臃腫肥胖的缺點，卻不願承認，也不願為此做出改變。回到家後，她很可能依舊倒在沙發中，拿起零食，打開電視，享受著美食帶來的快樂，卻不願面對自己堆滿脂肪的腰臀，甚至把自己的肥胖解讀為「還不是特別胖」或者「根本就不胖」。這種人就像是在玩一場自娛自樂的遊戲，不願接受完整而真實的自己，更無法為自己的不足進行修正。

當我們出現某些缺點，或做出不受歡迎的舉動行為後，應當積極即時地對進行彌補和修正。如果不能正視完整的自我，不願接受身心的缺憾，那麼久而久之，理想中的自我與現實中的自我之間的差距就會越來越大，最終使我們迷失了自己。

「愛死我自己了！」不知道你有沒有對自己說過這樣的話。其實，這就是對自己的一種讚賞和鼓勵。但與此同時，我們也不能盲目地愛自己。只有樂於接納自己的長處，並能清楚認識自己的不足，才能真正瞭解自己、看清自己、客觀公正地評價自己。

接納真實的自我

佳萱經過多年的打拼，如今她已經成為了一家知名企業的部門經理。工作中，再難辦的事情只要到了她的手中，似乎不費太多力氣就能解決。因此，佳萱受到了上司的器重和下屬的崇拜，還拿到了全公司最高等級的薪水，可算是年輕有為。半年前，佳萱在一次公司party中喝了很多酒，去洗手間的路上不慎撞壞了一顆門牙。牙科醫生告訴她，這顆牙目前沒辦法進行修補，只能保守治療一段時間後再說。為了防止遭遇同事們怪異的眼光，佳萱每天上班都低著頭，不到非要開口不可，她從不多說一句話。

當一個人不能面對自己，不能接納自己，無法和自己友好相處的時候，就會出現憂鬱、自卑、焦慮等不良情緒，進而影響了正常的工作和生活。其實，當我們面對自身的缺憾，或暫時無法改變的情況時，如果能夠放下幻想，坦然接納，那麼我們就能輕鬆地面對眼前的一切。要知道，無論我們面臨什麼樣的變故，遭遇了怎樣的不公，這些都僅僅只是我們人生的一部分，完全沒有必要為此耿耿於懷，更不必為此憂鬱不安，精神崩潰。

美國心理學家馬斯洛曾經給健康快樂的人下過這樣的定義：「他們較少焦慮與仇視，較少需要別人的讚美與感情，他們具有真正的心理自由，他們超然於物外，泰然自若地保持平衡，他們對個人不幸也不像一般人那樣反應強烈，他們具有集中注意的能力，表現出熟睡的本能和不受干擾的食慾，面對難題而談笑風聲。」這個定義可以簡單地解釋為：不以物喜，不以己悲，更不怨天尤人。面對現實的殘酷與壓力，我們的生活已經非常不易，何苦要排斥自己，和自己過不去呢？因此，我們首先要做的，就是坦然面對自己，只有這樣，我們才能從容地面對世界。

悅納自己的人能夠真正瞭解、正確評價自我，還能坦然面對人與人之間存在的個體差異，肯定自己的優勢，同時也能接受自己的劣勢。這種自我悅納並不在於外界，而是完全來自於內心。努力改變可改變的，坦然接受不可改變的。只有這樣，我們才能輕裝前進，從容地面對人生的一切機遇和變故。

放下VS.放棄——行為相若，心態迥異

我們常常在猶豫與憧憬之間消耗著心力，不知所措，甚至做出錯誤的決定。其實，放棄與放下同樣可貴，重要的是我們明白什麼才是該放棄的，什麼才是該放下的。只有這樣，我們才能用泰然自若的良好心態面對生活，在逆境中發現幸福快樂。

放下與放棄同樣可貴

一個焦慮窘迫的公司職員來到寺廟請求方丈開示。他說：「師父，我感覺我快要崩潰了。前段時間，公司『空降』了一位主管，他把我調到別的團隊進行工作，這個團隊和我曾經的團隊是競爭對手，我被調到這裡以後經常受到同事的排擠。儘管我自掏腰包請他們吃飯，主動示好獻殷勤，他們還是與我保持距離，常常在我背後交頭接耳地議論。有的同事還到上司那裡給我挑撥，說我與公司某個女職員曖昧，說我工作時間常偷懶，竟然還說我偷拿公司的東西。新來的上司完全不聽我解釋，不分青紅皂白對我進行了指責和懲罰。在我工作遭遇低谷的時

候，我的女朋友也聽信了這樣的誹謗，居然向我提出分手。我們相處了五年，感情一直很好，我真不想因為無端的流言蜚語跟她分開。我現在真的快要撐不住了，請您告訴我，我該怎麼做！」方丈為他沏了一杯清茶，然後意味深長地說：「年輕人，學會適時放棄，並能隨時放下一切。」

我們生活在充滿壓力和挑戰的社會中，每個人的肩上都背負著許多的責任、義務、理想和原則。當一個人肩上的擔子過重，承受的東西過多時，他的心中就會堆積起許多的不良情緒，也因此變得憂鬱起來。直到有一天自己不堪重負，達到了崩潰邊緣，就會將自己的壓力和理想通通徹底顛覆。這時，如果我們能像方丈說的那樣，做一個懂得取捨、分清放棄與放下的人，那麼我們眼前的世界就會大不一樣。

放棄與放下雖然是同義詞，但在本質上有著巨大的區別。放棄來自於我們的身心，讓我們對原本執著、渴望或厭惡的人和事做出斷絕、離棄的行動。很多時候，放棄是一種不得已的選擇，縱然心中有諸多不捨，但仍然要強制自己去斷離這一切。當我們被貪婪和慾望這兩隻魔鬼團團圍住後，一定要清醒地意識到：是該放棄的時候了。比如，在風雲莫測的股市中，很多人就不懂得放棄。為了彌補損失，為了獲得更大的利益，他們不知疲倦地向貪婪魔鬼的口中撒錢，最終一敗塗地地葬身股海。如果能夠即時選擇放棄，結局恐怕不會如此悲慘。即使放棄的過程令人感到痛苦和無奈，但我們能夠有效地控制局面，化險為夷，還是值得的。

放下來自我們的內心世界，是徹底的醒悟，是心靈的鬆綁。它讓我們掃除責備與怨恨，用一顆包容寬厚的心去面對世間的人和事。懂得隨時放下的人會把一切看得淡然，無論是順境還是逆境，他都能不為所動，用隨緣的態度去面對。這種心境能夠化嗔恨為慈悲，化敵對為友善，遠離一切煩惱憂愁，輕鬆釋然地生活。當我們面對外界的流言蜚語、惡意傷害、甚至是意外變故時，如果能夠真正放下，不抱怨，不記恨，那麼我們就能突破一切外界阻礙，獲得內心世界的安寧。

放棄與放下同樣可貴，我們應該懂得取捨，在適當的時候選擇放棄，同時做到隨時放下一切，才能活出人生的大智慧。

放棄該放棄的，堅持該堅持的

時代發展的步伐從不等人，它飛快地向前進行著，我們迎著競爭的風，冒著壓力的雨，努力追逐著時代的腳步，生怕自己落後。漸漸地，我們的眼神變得落寞，笑容變得牽強，身心備感疲憊。我們之所以這樣，是因為我們不懂得取捨，不知道自己該堅持些什麼，又該放棄什麼，總是在一道道選擇題面前徘徊猶豫，舉棋不定。

安文剛剛被男友宣告分手，她為這段維持了兩年的感情悲痛不已。雖然男友已經坦白地告訴她自己有了新的追求，但是安文仍然不願放棄。她每天都給前男友發送上百條簡訊，還經常到前男友公司找他，甚至當眾跪地哭著請求和好。前男友被她糾纏得無法正常工作和生活，最終一氣之下，與新女友結了婚，用結婚證書警告安文，請她放棄這段感情，別再干擾他人夫妻生活。安文的精神在瞬間崩潰，久久無法從感情陰影中走出來，精神渙散地度過每一天。

阿J的女友在某天傍晚對他說：「我們分手吧！雖然我們在一起四年了，感情也一直很好，但是你沒有房子，我實在無法說服父母同意我們結婚。所以我不想再耽誤你了……」這些話像刀子一樣割著阿J的心，他根本無法接受這個突如其來的事實。於是，他辭去了工作，夜夜到酒吧買醉，在菸酒和眼淚的陪伴下度日，整個人忽然頹廢了下去。其實，阿J的工作非常穩定，每月都有固定的收入，年底還有可觀的分紅。如果對自己的收入進行合理的規劃，再過幾年就能夠買到滿意的房子了，他完全沒必要盲目地沉浸在痛苦中。最好的辦法是，阿J制訂一份理財計畫，並堅持牽住女友的手，用自己的實力和擔當證明給她的父母看。

很多時候，人不是擁有的太少，而是想要的太多。花花世界中有太多太多的誘惑，我們很難不動心、不奢望、不幻想。當我們站在人生的十字路口時，有多少人能夠把握好自己，根據道德標準和個人能力做出合理的取捨與選擇，又有多少人能夠控制慾望，避免迷失呢？上述案例中的兩個年輕人，正是錯誤地堅持了自己不該堅持的，放棄了自己不該放棄的，才會偏離了充滿幸福和希望的道路。

放下心靈的垃圾，樂活於當下

倩宜是一個個性外向，陽光活潑的女孩，職業是一名廣告企劃員。她所在的公司中80%都是年輕人，工作氣氛非常輕鬆，同事之間的關係也十分親密友好。一年前，公司中新入職了一位帥哥，他口才頗佳，而且很會打扮，一時間吸引了很多女同事，並紛紛向他示好。但是沒過多久，大家就開始討厭他。因為這位帥哥非常花心，總是到處招蜂引蝶，而且手腳不太規矩，經常藉機騷擾女同事。他也曾經向倩宜下過手，雖然沒有成功，卻惹惱了倩宜，一直對他耿耿於懷。一次午餐會上，倩宜和女同事談起了這件事，她氣憤地說：「我打算好好報復他一下。」女同事聽了倩宜的話，說道：「妳這是在報復他嗎？分明是在和自己過不去嘛！他都辭職一年了，妳還在這樣一個男人身上花掉那麼多心思，簡直就是在懲罰妳自己！」

幾乎每個人都像倩宜一樣，心中裝著一些讓自己耿耿於懷的人，或者讓自己難以釋懷的事情。比如，上司為了逃避責任，把失敗的原因全都推到你身上，讓你來當代罪羔羊；丈夫在外面有了情人，而妳還不知疲倦、不辭辛苦地料理家務，照顧孩子；你把藏在心中許久的秘密告訴了死黨，他發誓為你保密，可是沒過幾天，你卻發現身邊的人都知道了這個秘密……這些讓我們產生怨恨的人和事就像垃圾一樣，堆在我們的心靈口袋中。我們盲目地背著這些垃圾，反覆咀嚼著曾經的傷與痛，卻忘了問問自己：「這麼做是否有意義？它能改變什麼？」

實際上，這些背了N年的垃圾什麼作用也沒有，唯一的作用就是把我們從一個輕鬆愉悅的人轉變成一個滿腹牢騷、斤斤計較的人。我們心甘情願地讓那些滿是傷痛的垃圾折磨自己，懲罰自己，佔據大腦的記憶體，浪費心靈的力量，消耗寶貴的人生。

如果能夠卸下心中那些毫無意義的垃圾，你就會發現，除了自己，並沒有誰跟你過不去。就像兒時的玩伴，因為一次激烈爭吵而大打出手，最後分道揚鑣，老死不相往來。若干年後，我們長大成人，在麻木殘酷的職場中偶遇到了曾經的他，兩個人激動相擁，純真質樸的溫暖感覺由然而生，誰還會為兒時的爭吵，或是誰說了什麼絕情的話而斤斤計較呢？

我們應該定期為自己的心靈做掃除，將那些沒有意義、不值得紀念的事情打包扔出去，避免它們消耗我們的能量，在我們的心中發霉變質。不妨多收集一些快樂溫暖的畫面，讓幸福的因子充斥心靈的房間，輕鬆愉悅地享受生活。

人生如戲——找到自己的角色，演好自己的戲碼

小時候我們都玩過一種名叫「扮家家酒」的遊戲，幾個小朋友聚在一起後開始分工，分別扮演爸爸、媽媽、孩子等，隨後大家按照自己所扮演的角色開始「過日子」。雖然這只是一個遊戲，但是孩子們都會無視遊戲的虛幻和短暫，有模有樣地進行著，因此獲得了笑聲與樂趣。

人生也像一場遊戲，只要我們能夠盡力演好自己的角色和戲碼，無視旁人的眼光和評價，我們也能像孩子一樣快樂。

找到自己的角色，專注每一個戲碼

人生如戲。我們每個人都是演員，活躍在人生的大舞臺上，扮演著各自應該扮演的角色，做著每個角色應該做的事。剛剛出生的時候，我們的角色是嬰兒，只需用哭聲和笑容表達自己的意願，感受親人的呵護；上學的時候，我們的角色是學生，需要認真聽講，刻苦學習，努力完成每一份功課，通過每一場考試；工作的時候，我們的角色是員工，需要運用精明的頭腦和

健康的身體，為企業創造最大的價值，也為自己開拓一片成功的領域；結婚後，我們的角色是配偶，在享受愛情甜蜜的同時擔當一份家庭的責任……我們就這樣一個接一個地扮演著不同的角色，也被各種角色賦予著不同的內涵與責任。

莎士比亞曾說過：「全世界是一個舞臺，所有的男人和女人都是演員，他們各有自己的入口與出口，一個人在一生中扮演許多角色。」因此，我們要學會在不同的人生橋段中找到自己的角色，然後全心投入，專注地演繹每一場戲。

葉晨宇是一名剛剛進入職場的男生。在校期間，他因成績優秀，曾獲得過學校授予的諸多獎項，是有名的優等生。人事部也正是看重了這一點，才將他破格錄取，優先聘用。可是，葉晨宇僅僅工作了三個月，就被公司解聘了。原來，他一直保持著學生的本色，無法成功地演繹員工的角色。

在入職的第三天，葉晨宇不遠處的一個工作崗位的同事就離職了，座位空出來。那個位置上的顯示器是新換的24寸液晶顯示器，非常棒，而且那個位置在角落，正合自己的心意，於是想當然就帶著為數不多的「家當」坐了過去。

同事提醒他：「你怎麼可以擅自調座位呢？」葉晨宇說：「反正這裡空著，我就坐過來了，我那台顯示器才22寸，這台好的沒人用豈不是浪費資源嘛。」

剛巧這時部門主管進來，看到葉晨宇這麼隨意就罵了他一頓。他覺得委屈，又心有不甘，覺得同事們是在「排擠新人」。

後來葉晨宇才知道，有一位前輩早就瞄準這個位置了，卻被他搶先佔了。這麼一個細小的舉動既得罪了同事又給主管留下了「不守規矩」的壞印象。葉晨宇一下子就覺得自己的職場前途灰暗了。

現代社會中，有很多年輕人像葉晨宇一樣，缺乏對自身角色的理解，以致於無法順利地從校園人轉變成為社會人。

生活是個大舞臺，我們每個人都在不同的時間、不同的地點、不同的環境中，演繹著不同的角色。沒有人知道這個角色我要演多久，這個地方我要待多久，這段感情能維持多久，身邊的人能陪我走多久，甚至沒有人知道明天會怎樣。既然如此，我們不如放下沒有意義的妄念和幻想，專注地活在當下，全心投入演繹目前所扮演的角色。

每次演好一個角色，我們就是演好了自己的生活，只有演好每天的生活，我們才能演好整個人生。

適時做一個「啞巴」

電視臺一檔相親節目中，一位男嘉賓自信滿滿地走上臺，面對著眼前12位單身美女，做了1分鐘的自我介紹。12位女嘉賓見這位男嘉賓身材高大、相貌俊朗、衣著得體、談吐也十分優雅，於是在第一階段的發言中紛紛表示了對他的好感。這12位女嘉賓個性迥異，喜好不同，能夠在第一階段就同時贏得了所有人的芳心實屬難得，現場觀眾也為男嘉賓的出眾報以了熱烈的掌聲。節目在第一階段掀起了一個小高潮後，進入到了男女嘉賓自由提問的第二階段。這時，令人想不到的事情發生了，每一位女嘉賓在提問男嘉賓後，都選擇了放棄，表示不喜歡男嘉賓，不願與他牽手。最終，男嘉賓沒能抱得美人歸……

原來，在雙方自由提問的第二階段中，每當女嘉賓對男嘉賓進行正面的誇讚時，他就會打斷對方，滔滔不絕地插話，想為自己增添更多光彩；而當女嘉賓對他有負面的評價時，男嘉賓也總有一堆話要說。面對個性不同的12位女嘉賓，男嘉賓說的每一句話，都有可能讓其中的某位女嘉賓不愛聽，以致對他產生反感，說得越多，得罪的女嘉賓就可能越多，導致最後未能牽手成功。由此可見，在有些場合，說得多反而錯得多，不如適時做一個「啞巴」比較好。

有時候，我們會錯誤地以為自己在別人的故事中也應該是主角，於是拼命地包裝自己，炫耀自己，想用大量的臺詞佔據別人的劇本。可是實際上，我們在他人的故事中僅僅是路人甲，沒有那麼多鏡頭，也沒有多麼重要，甚至只是跑個龍套的，一句臺詞也沒有。所以，我們不應該在別人的故事中沒完沒了地展示著自己，而是應該本本分分地演好自己該演的角色。

病從口入，禍從口出。工作中，有的人因為一句話而遭到主管的厭惡、同事的反感；生活中，有的人因為一句話而得罪親友，被朋友疏遠；社會中，有的人因為一句話與他人大打出手，甚至招來殺身之禍。為了讓我們的人生劇本中少一些不必要的麻煩，多一些幸福和諧的音符，我們一定要管住自己的嘴巴。

在一些多人參與的場合中，嘗試著適時閉上嘴，專注於自己所要表現的角色。你就會發現，成全別人的自我表達慾望可以讓他人感到愉悅，自己也能減少不必要的麻煩，備感輕鬆快樂。

別演沒用的好人

我們總是習慣把人分為好、壞兩種，可是在現實生活中，好人與壞人並不能清晰、準確地分類，甚至在很多時候，好人中有壞人，壞人中也有好人。

有的人看起來善良和藹，內心卻比蛇蠍還要歹毒幾分。比如，職場中的某些人，為了盡快升遷，不惜將同事踩在腳下，甚至加以陷害，以便達到自己的目的。這種人在明處微笑，在暗處放冷箭，是好人堆裡隱匿著的壞人，甚至比壞人還要可怕。而有的人看起來是壞人，心腸卻寬厚仁慈，做人十分有原則。比如，《水滸傳》中的梁山好漢，雖然被稱為草寇賊子，卻盜亦有道，從不殺無辜的人。

生活中，我們常常能聽到別人說某某是好人，但是，好人的條件他真的具備了嗎？比如仁慈善良、精明能幹、遵守道德、勤勞勇敢、積極向上等等。相反，有的人被大家評價為壞人，難道他就真的品格惡劣、心懷鬼胎、處處作惡、喪盡天良嗎？實際上，完全意義上的好人與壞人並不多，更多的是一類叫做「沒用的好人」的人，這種人常常畏首畏尾、沒有擔當、沒有主見，面對壞人不敢揭發檢舉，而是選擇明哲保身，該生氣時也不生氣，該據理力爭時也不敢站出來。這種沒用的濫好人不僅會拖累團體的發展與成長，更會阻礙社會的進步。

導遊羅肖鵬總說自己是個失敗的人，因為每次帶團旅行結束後，成員們給他的評分和評價都不高，這讓羅肖鵬十分不解。他帶著疑問向自己的上司請教，上司說：「我曾經電話回訪過幾位遊客，他們有的說你在帶團旅行時對成員們不溫不火，不熱情也不冷淡，很無聊。有的說在成員們發生衝突時，你居然不敢站出來控制局面。還有的說選擇景點時，有的家庭想去Ａ景點，有的想去Ｂ景點，你也不能給出合理的計畫安排，總說隨便，讓所有成員都很無奈，也對你很反感。」聽了上司的話後，羅肖鵬並沒有進行解釋，只是一臉的苦笑。

人生如戲，我們每個人只能演一次，只有懂得珍惜人生、重視自己的人才能把這場戲演得風光精彩，令人難忘。因此，我們應該有態度、有主見、有擔當、有原則地生活，專注於人生中的每一個角色，演出自己的與眾不同。千萬別做一個沒用的好人，碌碌無為地虛度一生。

內心的種子——信念讓心靈更強壯

愛因斯坦曾說：「由百折不撓的信念所支持的人的意志，比那些似乎是無敵的物質力量具有更大的威力。」信念是內心的火種，是身體必需的強心劑，只有懷抱信念的人才有可能走向成功。

信念讓身心更強壯

卡爾．西蒙頓博士是美國的一名癌症醫生，他主張用精神的力量戰勝身體的疾病，並用「想像療法」成功地治好了自身的皮膚癌。在一次公開課上，他對自己的學生和患者說：「為什麼化療對有些病人有效，對有些病人卻毫無作用呢？為什麼有些人靠食療或吃藥獲得康復，有些人卻適得其反，失去了生命？答案是，一些人之所以能從癌症中康復，是因為他們的信念在起作用。真心相信治療方法的病人，會因為接受治療而感受到希望，並對未來的生活抱有積極的態度。這種向上的態度會直接作用於大腦，讓大腦產生有利於免疫系統的激素與化學物質，主動對身體進行修復。因此，我們醫護人員能做的，就是不斷地努力，讓患者樹立積極的信念，激發他們強大的自身修復能力。」

信念是一種精神層次的概念，它擁有著無限強大的力量。這股力量能夠幫助人們戰勝黑暗和恐懼，它就像一盞明燈，用光亮指引著我們前行，讓我們對未來堅定不移，滿懷熱情。當我們在心中樹立起積極正面的信念後，自身就像一個閃爍的發光體，不僅能給身邊的人帶來溫暖，還能為他們照亮前行的路，讓他們的身心充滿力量，勇敢前行。

美國的《人物》週刊曾經破天荒地選擇一隻狗的照片做為封面，並在書中做了這樣的描述：「牠是降臨在浮躁的美國的一種力量，牠是篤定而快樂地照耀在任何一位迷失者前方的一盞路燈，牠是早就藏好了眼淚和悲傷，只表露笑容與歌聲的一種幸福。牠的名字叫Faith（信念），牠是一隻狗，一隻兩條腿，像人一樣直立行走的狗。」

原來，這隻名叫Faith的小狗天生殘疾，沒有前腿，牠的媽媽看牠外形奇怪，拒絕哺育牠，牠的主人也認為這樣的小狗無法存活，打算把牠安樂死。這時，美國另外一個家庭發現了牠，並毫不猶豫地收養了牠。這一家人堅信牠是一隻頑強健康的小狗，就給牠取名叫Faith（信念）。從此，Faith像人類一樣用兩條腿走路，快樂堅強地過著每一天。很快，Faith的故事在當地廣泛流傳，牠和主人應邀走訪了很多機構。

在醫院，Faith讓受傷的人擁有戰勝病魔的勇氣；在少年管制所，Faith讓頑劣的孩子們感動流涕；在安老院，Faith讓孤寡老人們感受溫暖，露出了久違的微笑……一隻小狗的故事告訴我們人類：直立起來行走，看到的風景更美！無論上天賜予你怎樣的不幸與災難，只要心中有信念，都會充滿希望與生機。

別把自己的信念交給別人

一位滿面愁容的花樣少女來到心理診所說：「我被甩了，不想活了。」在場的醫生都露出了驚訝的表情，眼前這個女孩皮膚白皙，身材嬌小，眼睛大大的，嘴巴小小的，像個可愛的洋娃娃，怎麼會有輕生的念頭。醫生請她講述自己的故事。

女孩哽咽說：「他是我的學長，上學時我曾經暗戀過他。畢業時，他走到我的面前，摸著我的臉，向我告白，他說我是全天下最可愛的女孩，他想照顧我一輩子，愛我一輩子。當時我知道自己一定不是全天下最可愛的女孩子，受不起這樣的誇讚，但是我相信他的話出自真心，於是答應了他。相處的日子裡，我努力改變自己，讓自己盡量多一些可愛，討他歡心。可是兩個月後，他卻提出分手，還說已經有了新的女朋友，叫我別再糾纏。曾經海誓山盟，如今說不愛就不愛了，我實在接受不了。我不再相信任何人的話，也不再相信自己了，我覺得當初答應他真是個錯誤，自己真是個毫無判斷力的大傻瓜，一想到這些我就不想活了！」聽完她的話，醫生認為，這個女孩之所以如此痛苦和沮喪，是因為她把自己的信念交給了別人。

生活中有很多人像案例中的女孩子一樣，把自己的信念在不知不覺中轉移到他人身上。比如，一個男青年個性內向，工作謹慎認真，處理了很多緊急事故，因此被上司和同事們稱為「全能人才」，但是他不善言詞，不會幽默，為了讓自己配得上「全能人才」這個稱號，他積極報名參加各種講演和選秀活動，最終都以失敗收場。於是，他一蹶不振，頹廢下去，甚至連正職工作也做不好，成了真正的失敗者。

再比如，一個女孩子因為同學們總說她長相一般，不夠漂亮，她就在心中滋生了「我不美麗」的暗示，從此她的面容充滿愁苦，舉止更是緊張侷促，整個人陷入沮喪和自卑中，失去了年輕人應有的活力。

生活是一個多面體，除了自己，沒有人能把我們看透，所以也就無法對我們做出全方位立體式的客觀評價。因此，我們大可不必把自己的信念轉交給別人，讓別人給我們定性下結論。每個人的審美標準都存在著不同差異，除了你自己，誰能有權利讓你美麗或者不美麗？如果我們丟掉了心中的信念，總讓他人的評價影響自己的意志與行為，那麼我們面臨的就只有悲痛和絕望，最後在疲憊中崩潰。

作家撒母耳．詹森(Samuel Johnson)曾說：「偉大的作品不只是靠力量完成，更是靠堅定不移的信念。」人生就是一本小說，我們每個人都是這本小說的筆者。把信念交給他人的人所寫出的一定是充滿兇險、步步驚心、結局悽慘的悲劇。只有用正確信念支撐心靈的人才能儲藏勇氣，彙集智慧，積蓄經驗，撰寫一部精彩絕倫、詞藻華麗的美妙篇章。

告訴自己「我很重要」

「我很重要！」這句話雖然平常，可是有多少人能夠昂首挺胸、充滿勇氣地向別人鄭重宣布？從小到大，我們總被灌輸著「我很平凡」、「我不重要」的思想。做為一名在校學生，與團體的榮譽相比，我們似乎不夠重要；做為一名一般士兵，與輝煌的勝利相比，我們好像也不太重要；做為一個生命個體，與浩瀚無垠的宇宙相比，我們顯得更是微不足道。可是，我們真的如此不起眼，如此微弱，如此不重要嗎？

世界知名交響樂指揮家小澤征爾用自己的故事說明了重視自我對成功的巨大意義。在一次世界優秀指揮家大賽時，參賽選手們需要按照評審委員會給的樂譜進行指揮演奏。演奏時，小澤征爾突然發現樂曲中出現不和諧的地方。一開始，他以為是演奏出了問題，就指揮樂隊重新演奏一遍，仍覺得不自然。這時，在場的作曲家和評判委員會權威人士都鄭重聲明樂譜沒問題，而是小澤征爾的錯覺。他被大家弄得十分難堪。

在這莊嚴的音樂廳內，面對幾百名國際音樂大師和權威，他不免對自己的判斷產生了動搖，但是他考慮再三，堅信自己的判斷是正確的，於是他堅定地說道：「我雖然只是一名普一般！」他的話音剛落，評審裁判臺上那些高傲的評審委員們便站立向他報以熱烈的掌聲，祝賀他大賽奪魁。原來，這是評審委員們精心設計的圈套。

每個人都是自己人生舞臺上的主角，我們應該用堅定的眼神、沉穩的聲音告訴所有配角和現場觀眾：「我很重要！」這四個字會成為一種信念，有力地支撐著我們的內心世界，讓我們不軟弱、不懼怕，在何時何地都能保持清醒，無所畏懼。

Chapter 5

身心合一

——喚醒幸福基因

心態是一個人真正的主人

我們常常習慣性地將自己碌碌無為、經濟拮据、煩惱纏身的原因推卸到外界條件上，怪自己沒有好的家庭背景，沒有貴人相助，運氣不佳等等。然而實際上，真正影響我們人生的，只有自己的心態。一個人心態的好壞、能量的大小決定著他是否幸福。

消極心態讓人失去活力

中國四大名著之一《紅樓夢》的女主角，金陵十二釵之首——林黛玉，是個婀娜嬌美、聰慧無比的優雅才女，同時也是個體弱多病、多愁善感、心情憂鬱的病態西施。她幼年便失去了母親，這對她的心靈造成了很大的傷害。進入賈府後，她便把賈寶玉視為自己唯一的真愛，和唯一的精神寄託。然而在那個封建的年代裡，林黛玉想要實現執子之手與子偕老的願望並不算容易。可是就在這時，她與賈寶玉之間又插進了一個薛寶釵。生性多疑的林黛玉頓時升起嫉妒之心，常常為一點小事嘔氣發火，折磨自己，給自己增添了許多煩惱和傷感的情緒。由於心情一直處於憂鬱的低谷，林黛玉的身體也逐漸消瘦下去，時常被病痛折磨。當她得知賈寶玉與薛寶釵成為眷屬時，自己的幸福被瞬間扼殺，她再也承受不住身心的痛苦，帶著無限的愁怨，離開了人世。

紅顏薄命的林黛玉常常被我們稱為病態美人，從心理學角度上看，她卻是一名典型的憂鬱症患者。在遭受諸如親人死亡、家庭變故、失戀、失業等突發意外事件後，人們的心中就會產生了強烈的憂鬱情緒，並因此悶悶不樂，意志消沉。如果不盡快化解心中的痛苦，從壞情緒中走出，甚至會出現自殺等念頭和行為。

據統計，憂鬱症已經成為當今社會上最常見的一種精神疾病，幾乎每7位成年人中就有1名憂鬱症患者，發病率極高，被稱為「精神病學中的感冒」。研究，當我們長期置身於緊張焦慮、沮喪失望的不良情緒中，我們體內掌管快樂情緒的多巴胺和血清素就會下降，維持大腦生長發育所需要的神經生長素也會同時減少，導致大腦灰質細胞死亡，造成對腦功能的障礙和破壞。也就是說，長期處於憂鬱的情緒會使我們的大腦萎縮，生命也會因此失去活力。

不幸的是，我們面對消極情況時所出現的行為與情緒，要比面對積極情況時更加強烈與激動，而且無法盡快從負面情緒中擺脫出來。當我們的親人去世時，當我們的工作出現變動時，當我們的戀人提出分手時，我們往往選擇跌入絕望的深淵，讓自己在苦水中浸泡，在沮喪中喘息，然後一蹶不振，憂鬱而麻木地活著。殊不知，這些消極負面的情緒正在不停地編織著禁錮我們的大網，我們多痛苦一分，大網就會多勒緊一寸，最終把我們纏繞得遍體鱗傷，喪失元氣。所以，我們千萬不要輕易地給不良情緒任何機會，也不要和憂鬱消極的思想扯上關係，因為它們會嚴重影響我們原本幸福的生活，甚至危害我們的健康。

好心態開啟幸福之門

一位少婦來到寺院燒香拜佛，請求禪師開示。她說：「我的丈夫學歷不高，工作又不穩定，收入也是時多時少，脾氣也不好，前陣子還沾上了酗酒的壞毛病，總之我是越看他越不順眼。現在，我已經忍無可忍了，想跟他離婚。」聽後，禪師拿起一張白紙放在桌上，並在白紙中間提筆寫下一個「人」字，然後在「人」字左右兩邊又分別寫下了「佛」和「鬼」兩個字。寫完之後，他對少婦說：「妳的丈夫本來是個人，但是妳總向他魔鬼的一面澆水，所以他變得越來越壞，越來越像鬼；如果妳能試著向他佛性的一面澆水，多留心注意他的優點和長處，那麼他會變成什麼樣子呢？」聽了禪師的話，少婦恍然大悟，當即放下了離婚的念頭，準備重新審視丈夫，並積極幫助他改掉惡習。

婚姻是人生的重要組成部分，在婚姻生活中，我們每個人的另一半都有好的一面和壞的一面。有的人能夠多看對方的長處，並努力幫助對方彌補不足，因此他們的婚姻走得更長久、更幸福；而有的人極其在乎對方不好的一面，甚至忽視了對方的優點，這種婚姻生活就不得不面對不幸，遭遇爭吵或分手。

如何打開婚姻的幸福之門，關鍵就在於每個人的心態。有句話說「婚姻是愛情的墳墓」，你的婚姻是不是愛情的墳墓，你的另一半是佛還是鬼，這一切完全取決於你自己。選擇什麼樣的心態，就等於選擇了什麼樣的婚姻。消極的心態會讓婚姻生活變糟變壞，積極的心態會讓婚姻甜蜜美滿，你選擇哪一種呢？

人生在世，除了婚姻，還有很多幸福的大門等著我們去開啟。在很多時候，開啟幸福之門的鑰匙並不是多麼高的學歷、多麼精的技藝、多麼巧的方法，而是一個良好的心態。對即將畢業的大學生來說，好心態能夠讓他們擺脫面對未來的迷茫感，並給予勇氣與力量；對上班族來說，好心態能夠消除職場競爭中的焦慮與疲憊，讓他們面對困難時不退縮，積極勇敢地擔當和面對，進而獲得晉升加薪；對中產階級來說，好心態能夠幫助他們分擔家庭與工作的雙重壓力，讓他們在遇到瓶頸時能夠輕鬆面對，泰然處之，家裡家外都能充滿和諧快樂的音符……

人生就是這樣，歡喜與煩惱、成功與失敗，都在一念之間。在我們被一些問題所困擾，被擋在幸福的大門之外時，應該即時找到「好心態」這把鑰匙。

八種心態讓你盡享圓滿人生

每個人都在追求幸福圓滿的人生，然而沒有一個人的生活是一帆風順的。如果能夠掌握下面八種心態，就能讓你盡享圓滿人生。

（1）樂觀的心態

生活中遇到挫折、遭遇瓶頸時，如果能有一個樂觀的心態，不計較任何結果與得失，認為所有事情都有好壞兩面，並能積極地向好的一面看去，我們就能激發出內心的勇氣與力量，揭開困難的面紗，獲得成功的秘笈。

（2）堅持的心態

三個人挖井，第一個人挖了8公尺後放棄了，第二個人挖了9公尺後也放棄了，第三個人挖了10公尺，還是放棄了。其實，井水就在11公尺深的地方，如果第三個人能夠再堅持多挖1公尺，那麼他就會成功。當很多人在慌不擇路地尋找跳槽機會時，我們不妨多堅持一下。因為在很多時候，堅持就是勝利。美國作家保羅有句名言：「百分之九十的失敗者不是被打敗的，而是自己放棄了成功的希望。」因此，只要抱著堅持的心態，機會與成功就會不請自來。

（3）謙虛的心態

有句話說得好：「謙虛是人類最大的成就。」走在人生的大道上，我們應該把自己放在合理的位置上，清楚地認識自身的優勢與缺點，努力彌補自己的不足，讓自己變得更加充實。記住，越飽滿的麥穗腰越彎。謙虛能讓我們得到更多尊重！

（4）自信的心態

「大鵬展翅，志在千里。」真正能夠成大事者，在開始旅途的第一步時，就已經明確地訂下了遠大的目標與志向。面對機遇和挑戰，自卑的人會望而卻步，選擇逃避，只有自信的人才會勇敢地接受與擔當。

（5）務實的心態

如果沒有肥沃的泥土，再美麗的鮮花也無法長久開放；如果沒有堅實的地基，再好的磚瓦也無法搭建高樓大廈。只有腳踏實地，才能有所成就。

（6）合作的心態

一個籬笆三個樁，一個好漢三個幫。合作並不是簡單的加法，而是「1加1等於11，再加1就等於111」的關係。只有善於與人溝通相處，懂得合作的人才能離成功更近，感受聯合的偉大力量。

（7）負責的心態

「能力越大，責任越大。」這句話的意思是說，有能力的人往往會被賦予更多的責任。反過來說，越勇於承擔責任，並擔得起責任，就越有機會提升自己的能力，實現自身的價值。

（8）感恩的心態

世間萬物並不是孤立存在的，沒有周圍的一切就沒有我們的存在。父母給予我們生命，老師教會我們知識，生活給予我們經驗與教訓……我們在獲得給予的同時不斷成長，變成一個有思想、有態度、有主觀意識的人。因此，我們要飲水思源，知恩圖報，對這個世界抱有一顆感恩的心。

好心態並不僅僅只有上述這些，只要這種心態能夠與我們的目標一致，對我們的人生發揮積極向上的作用，都可以稱之為好心態。

身心和合，方為自在之境

你是否有這樣的感覺：常常感到壓抑、沉重、失落或不快樂；常常沒有原因的焦慮失眠、小病不斷；常常為一些瑣事困惑徬徨，精力備感疲憊；容易失去熱情，總為缺少愛的能量而苦惱。如果你的答案中肯定的居多，那麼就表示你的身心已經失去了平衡。失衡的身心會對我們的生活造成巨大危害。因此，我們要學會運用身心的力量進行自我治癒。

身心失衡，痛苦降臨

曉靜是某服務行業的銷售代表，兩年前她走出校園，自信滿滿、朝氣蓬勃地來到了這家公司。在這短短的兩年時間，曉靜已經大變樣，她的體重直線飆升了15公斤，很多老朋友都已經認不出她了。曉靜幾乎每晚都會遭遇失眠的痛苦，第二天精神狀態十分不好，經常委靡不振，無法集中精力投入工作。儘管天氣不是很熱，曉靜也總是一陣一陣地冒冷汗。便秘成了家常便飯，嘆氣聲也成了她的口頭禪。

在公司最近一次體檢時，曉靜被確診為內分泌嚴重失調。經過瞭解，醫生懷疑曉靜的病是由於平時工作壓力過大導致的身心失衡。他建議曉靜暫時放下業績考核、銷售定額等獎懲制度，安心休息一段時間，並到心理門診進行相關治療。經過心理醫生半年的治療，曉靜的內心終於卸下了所有的包袱，學會用意志幫助自己，保持身心平衡。漸漸地，她身上的疾病也一一康復，體重也慢慢減輕，整個人又神采奕奕地出現在了朋友們面前。

在我們每個人的心裡都有一座蹺蹺板，兩端分別載著身體和心靈。其中任何一端出現下沉，另一端就會抬起，蹺蹺板就會失衡。當我們的身體出現疾病，首先受影響就是心情。疾病的折磨讓我們心情低落，無精打采，做任何事都提不起興趣，有的人還會因為生病而煩躁不安，焦慮易怒，甚至對無端的人發火。如果我們的情緒時常處於消極的狀態，那麼我們的身體健康也會亮起紅燈。

現代醫學早已顯示，不良心理狀態的積蓄會促使人們變成易患病體質，感染多種慢性疾病。比如，一個男人無法緩解工作中的壓力，情緒長期處於高度緊張狀態，那麼他很可能會出現脫髮、白髮、肥胖等症狀，甚至患有高血壓、高血脂等慢性疾病。如果一個女人無法排解心中的不良情緒，整天哀聲嘆氣、憂鬱絕望，那麼她的身體也會向不良的方向發展，表現為月經失調、臉部痤瘡、便秘、盜汗等內分泌系統疾病。所以，身心失衡對我們每個人都是有百害而無一利的。

我們應當對自己的身心蹺蹺板給予更多關注，讓它時刻處於健康狀態，避免痛苦的疾病來襲，保持身心平衡。

測測你的身心平衡度

失衡的身心會給我們的生活帶來許多煩惱與麻煩，只有平衡協調的身體與心靈才能碰撞出積極的火花，為我們的生活增光添彩。你瞭解自己的身心平衡狀態嗎？如果答案是否定的，那麼請認真關注下面的測試：

以下共有十項內容，每一項代表1分，共計10分。如果你對當前選項的答案是肯定的，那麼請主動加上1分，如果答案是否定的，則不加分。透過這項測試，你就能輕鬆瞭解到自己的身心平衡值達到了多少分：

★錢越賺越多，滿足感越來越少。

★以為達到了目標，但是內心不快樂，沒有成就感、滿足感。

★迷惘，不知道下一步往哪裡走。

★生活總是和自己設想的不一致。

★對長期壓力巨大的生活感到心力交瘁。

★由於工作、生活繁忙，總是缺少時間去從事自己真正喜歡的興趣和愛好。

★無論多麼努力，總是離自己設想的生活有相當的距離。

★總是不能控制地發脾氣，睡不著覺，經常作噩夢。

★長時間缺乏鍛鍊，身體健康每況愈下。

★總是擔心自己的身體、經濟、心理健康等方面能不能應對未來的不確定性。

上述測試中，1分代表最低分，10分代表最高分。如果你的分數在4分或以下，那麼恭喜你，你的身心目前正處於健康的狀態，請積極地保持下去吧！如果你的分數達到了5分以上，那麼你要好好注意了，你的身心正在向失衡的方向發展。如果不即時對其進行干預，失衡的身心蹺蹺板將會對你的工作和生活造成嚴重影響，甚至破壞了身心的健康，使你的生活陷入困境，變得一團糟。

學會自我調節，讓身心和合

想要讓自己健康，就必須盡量保持身體與心靈的平衡，讓兩者在任何時候都能保持統一和協調，以一種和合的狀態來面對工作與生活。

早在幾千年前，身心和合的概念就已經提出了。古印度的瑜珈術和中國的氣功，都是調節身心平衡的良好訓練方法。因為人們在進行冥想呼吸的同時，身體內部的能量流動比較均勻，呈現出一種和諧緩慢的氣場。這種氣場可以放鬆身體上緊繃的肌肉，舒緩緊張的心情，給人一種與世無爭、置身世外的美妙感覺。但是，無論瑜珈術還是氣功，都需要長期堅持不懈地學習和訓練。對於當今快節奏下生活的人們，恐怕沒有足夠的時間去完成。不過，下面幾招調節身心平衡的小方法在生活中就可以完成，我們不妨學習一下。只要認真堅持，一定能從中獲益。

讓身心和合的第一步是呼吸。人們在面對壓力或變故，感到緊迫時，常常會咬緊下頜，用緊張的肌肉來保護自己，防止心靈受傷。深呼吸能夠讓我們打開自己的心，進入到敞開的狀態，讓身心獲得最大程度的放鬆。在吐故納新的同時釋放壓抑已久的不良情緒，讓身體與心靈重新充滿新鮮空氣。

其次，要懂得自我欣賞。當一個人陷入自我否定中時，無論這個人有怎樣輝煌的成績，他也不會感到快樂。因此，我們要學會欣賞自己、在乎自己、關愛自己，在接納自己不完美一面的同時，能夠信心百倍地肯定自己的長處與優勢。這樣就能有效地提升我們的自我價值感，讓心靈在積極美好的狀態下前行。

再次，在自己的身邊建立有創造性的關係。這就是說，我們應該開誠布公地展示真實的自我，並且向他人呈現自己的脆弱。雖然這樣的展示顯得坦誠而又脆弱，但它也充滿了勇氣與力量。

最後，我們還要學會積極的溝通。良好的溝通能夠把儲存在心中的不快輕鬆吐露出來，清除堆積在身心中的垃圾。不僅如此，透過良好的溝通，我們還能即時化解與他人之間可能產生的衝突，避免了不必要的煩惱。沒有人能讓我們高興或憤怒，這些情緒都是來自於我們對他人所做事情的知覺和見解。明白了這個道理，我們就能輕鬆掌控自己的情緒，對身心進行自我調節，做個心態平衡的人。

在生活的一點一滴中，只有對自己的行為進行不斷地調整糾正，用正確的思維模式鍛鍊自己的心靈，我們才能找到自我的健康點，享受身心和諧的感覺。

給健康打分，掌握身體狀態

擁擠的交通，緊張的住房，狹窄的辦公桌常常讓我們在工作生活中感到憋悶，體會不到幸福。久而久之，我們的心情越來越憂鬱，思想越來越悲觀，身體也隨之亮起紅燈，在不知不覺中陷入了亞健康狀態。

如果我們能夠清楚地瞭解自己的身心狀態，對症下藥，那麼真正的健康就會回歸身心，讓我們重獲新生。

什麼是真正的健康？

逢年過節，我們最常說的吉祥話就是「祝您健康！」試問一下，你知道什麼才是真正的健康嗎？也許你會說身強體壯、沒病沒災就叫健康。其實，健康二字並沒有說得那麼簡單輕鬆。真正的健康是指來自身體與心理的平衡、圓滿狀態。在評價一個人健康與否的時候，必須從這兩個方面來衡量。

要想知道自己的身體是否健康，你只需到醫院進行一次全方位的身體檢查即可。在檢查單上，如果所有指標都在正常值範圍內，就說明你的身體狀況良好。

但是，身體的健康並不等於你就是一個真正健康的人，除此之外，你還要對心理的健康給予關注。如果你的心理功能正常，主觀感受良好，並且精力充沛，情緒穩定，擁有著積極向上的人生觀，能夠自如地應付各種情況，就說明你已經達到了心理健康的基本標準。如果想要徹底瞭解自己的心理狀況，則需要到專門的心理診所進行檢測。

有專家預測，到了2020年，心理問題引起的疾病將在疾病總排名中排名第一。由此可見，導致我們死亡的首要因素並不是疾病，也不是意外，而是自殺。如果一個人的身體健康，而心理卻不正常，那麼用不了多久，這個人的身體一定會出問題，並且伴隨著精神疾病，讓自己一步步走向崩潰。反之，如果一個人的心理是健康的，那麼就算他的身體日漸衰老，百病纏身，或者患有殘疾，他依然可以帶著陽光般燦爛的笑容，積極面對人生。心理健康的衡量尺度並不像身體健康那樣一目了然，有一個正常值的範圍做標準，可以輕而易舉地看到自身存在的疾病與問題。那麼，我們怎樣才能保健自己的心理，擁有健康的心態呢？

《論語》中有句名言：「吾日三省吾身，為人謀而不忠乎？與朋友交而不信乎？傳不習乎？」這句話的意思是說：「我每天多次反省自己，有沒有替人辦事不盡力的地方？有沒有與朋友交往不守誠信的地方？有沒有溫習老師所教的知識？」這「三省」就是指每日要進行多次的自我檢查，看看自己的德行是否端正，待人是否真誠，對知識是否能夠積極消化，溫故知新。如果每天都能像古人一樣，對自己的言行舉止、為人處世進行反省檢討，那麼久而久之，我們身上的壞毛病與不良習慣就會被一一摒棄。

為了自我的心理健康，我們必須學會自省。只有這樣，我們才能即時修正錯誤的行為，控制不良心態和習慣，做個擁有真正健康的人。

不做傷害自己的殺手

李佳穎是某公司企劃部的辦事員，雖然已經32歲，但是她的皮膚白皙，身材健美，五官清秀，絲毫看不出歲月在身上留下的痕跡。由於她是公司中為數不多的單身美女，所以經常有男同事主動獻殷勤，向她表露自己的心思。可是無論對方的職位多麼高，家庭條件多麼好，李佳穎都是婉言謝絕，不給對方機會。大家都認為李佳穎仗著自己身材好相貌佳，誰都看不上，然而真正的情況完全不是這樣。

李佳穎曾經也是一個渴望愛情的女孩。她在22歲那年交了第一個男朋友，兩年後男友背叛了她，給她造成了很大的打擊，足足過了一年多才走出陰霾。26歲時，李佳穎遇到了一個公司高層主管，這個男人對她像蜜糖一樣呵護疼愛。可是好景不常，這位公司高層主管的老婆找到了李佳穎，說他們早在五年前就結婚了！李佳穎像是遭到雷擊一樣，整個人在瞬間崩潰。從那以後，她不再相信任何男人，不再對愛情抱有任何渴望。

生活中，每個人都有可能被傷害。隨著時間的推移，這些傷口慢慢變成疤痕，有的人能夠透過自身的力量讓這些疤痕逐漸消褪，甚至癒合得天衣無縫；而有的人則把這道疤永遠地留在了心中，每次看到它，都會讓自己再痛一次，難過不已。

在心理學界，這種內心傷痕累累的人常被稱為「疤痕體質」。具體表現為傷口癒合後，表面疤痕會逐漸增大，並且伴隨著局部疼痛，影響工作和生活。其實，人生在世，我們難免受傷，難免流血，但我們要學會在最短的時間內為自己療傷，讓傷口盡快癒合，盡可能恢復如初。千萬別讓所受的傷在心中無限蔓延，使自己成為了傷害自己的殺手。

我們的身體是心理的一面鏡子，每個人都可以做自己的朋友，也可能成為自己的殺手。如果一個人向對方的臉上潑硫酸，那麼硫酸首先作用於他的身體，然後就會傳遞到心中，引起對方的憎惡與嗔恨。相反，如果你的愛人突然背叛了你，甚至用惡言惡語加以攻擊，那麼你的心中就會充滿憤怒與傷痛，恐怕比被潑硫酸還要難受。所以在很多時候，我們的心理可以支配身體，而身體卻不能控制心理。因此，如果沒有積極向上、充滿力量的心態，誰也別想留住健康的身體。

世間萬物都有它的兩面性，傷害也是如此。一方面，傷害會讓我們心痛、難過、哭泣，另一方面，傷害也會提高自我防禦能力，增強自身免疫力。在受到傷害後，應當多向好的一面看，用心靈的力量和積極的思想盡快癒合傷口，不做精神世界的「疤痕體質」，也不做傷害自己的殺手。

別讓小事毀了健康

在生活中，許多細小零碎、微不足道的小事並不能引起我們的注意。但是，正是這些小事在每天危害著我們的健康！讓我們來看看這些不經意間走進的錯誤，以及合理的應對方法：

（1）臨睡前洗熱水澡

睡前洗熱水澡會讓人的體溫升高，過高的體溫會抑制大腦褪黑色素的分泌，影響睡眠品質。因此，我們應該把洗澡時間提前到睡前90分鐘進行。這樣等到準備睡覺時，體溫已經回復到正常水準，我們也就能夠輕鬆進入夢鄉了。

（2）在相對封閉的健身房健身

健身房中常常充斥著別人排出的廢氣、汗液和毒素，如果房間環境相對封閉，那麼這些不良物質就會隨著我們的運動吸入體內，不僅發揮不出強身健體的作用，反而還會威脅健康。所以，最好的運動場所就是戶外，如果一定要到健身房中進行鍛鍊，那麼請選擇空氣流通性好的地方。

（3）過量飲水

水是生命之源，人體缺水就會引發多種疾病，甚至威脅生命。然而過量的飲水也會導致身體健康發警訊！曾有醫生表示：「人體是一個平衡系統，我們的腎臟每小時只能排出800～1000毫升水。如果一小時內的飲水量超過1000毫升，那麼就會導致人體出現低鈉血症。」因此，水並不是喝得越多越好，應該適量飲用。

（4）疲勞時抽菸、喝咖啡

經常在身體疲勞時抽菸、喝咖啡的人會出現心悸、心慌等徵狀，為了健康，我們應該減少對香菸和咖啡的依賴。

（5）直接入住出租房屋

如果你是個租房族，那麼請注意了，二手房或多手房都是疾病傳播的重要場地！很多房主在出租房屋前，都不會對屋內設施進行殺菌消毒處理。這樣的話，蟎蟲、流感病毒、乙肝病毒、黴菌等有害物質都會在常溫下滋生，侵害入住者的身體健康。因此，租房族在搬入「新家」前，一定要對地板及所有屋內設施進行全方位的除菌消毒。

除了上述的內容之外，還有很多小事應該引起我們的注意。比如服藥期間禁止飲酒、飯後不要立即吃水果、不要把手機放在床頭邊……關心生活中不起眼的小事，走出不良習慣的錯誤，才是一個聰明的健康者。

荷爾蒙會不會影響情緒？

在每個人的情緒字典裡，大約會有上百個辭彙用來形容生活中不同的情況。戀愛時，我們會使用快樂、喜愛、歡心等所有甜蜜的詞藻形容自己的幸福感；失戀時，我們也會運用絕望、沮喪、憂鬱等諸多痛苦的字眼表示自己的心碎。表達情感的同時，你知道這些情感是從哪裡來的嗎？科學顯示，調節內分泌的激素荷爾蒙對人類的情緒有著重要影響。為了讓我們減少一些消極的負面情緒，增加被快樂情緒包圍的機會，我們一定要從瞭解荷爾蒙開始。只有掌握了它的規律及特點，我們才能控制自身情緒，讓幸福因子永遠地活躍在身心之中。

荷爾蒙是情緒操盤手

著名人際關係大師戴爾．卡內基曾說：「學會控制情緒是我們成功和快樂的要訣。」的確，人生中，沒有什麼比情緒更能影響我們的生活了。美國密西根大學的心理學家南迪．內斯在一項研究中發現：一般人的一生中，平均有十分之三的時間處於情緒不佳的狀態，這種消極的情緒對人體的健康十分有害。哈佛大學曾經對1600名心臟病患者進行調查，結果發現它們之中經常焦慮憂鬱、脾氣暴躁的人數是一般人的三倍。因此，如何控制情緒，改善消極心態逐漸引起了人們的關注。在這之前，我們應該首先弄明白情緒從何而來。

在每個人的情緒字典裡，大約會有上百個詞彙用來形容生活中不同的情況。我們為什麼會有這麼多複雜的情緒呢？答案就在於我們大腦中的神經傳導介質，又被稱為荷爾蒙。我們的大腦中有許多神經系統，可以分成很多組群。其中最重要的兩個組群分別是喚醒系統神經，以及抑制系統神經。

喚醒系統神經所分泌的荷爾蒙為多巴胺與去甲腎上腺素，其功能是喚醒我們的知覺，刺激我們的情感。而抑制系統神經所釋放出的荷爾蒙則是用來控制或限制喚醒系統神經的，讓人們在緊繃的狀態下產生安撫的感覺。當荷爾蒙開始分泌運作時，我們的心智活動就會被啟動。所以，人類上百種的複雜情緒全都來自大腦，源於我們的荷爾蒙。

忙碌的生活常常讓我們沒時間關心自己的身體節奏，進而忽視了左右我們情緒的荷爾蒙。但是，荷爾蒙並不會因為我們的漠不關心而停止工作，它悄悄地存在於我們的體內，掌控著身體和情緒。

一個功能完備、健康平衡的荷爾蒙系統會增強我們的抵抗力，讓身體不易被感染，精神不易疲勞緊張，整個人體保持著平衡順暢的運行。相反，如果一個人的荷爾蒙分泌系統出現了問題，那麼他的身心就會失衡，身體也會出現病變。儘管人體內所分泌的荷爾蒙計量單位極其微小，但是稍有偏差，就會對我們的身心造成不良的影響。因此我們應該對這位情緒操盤手給予更多的關注，瞭解荷爾蒙的變化和對情緒的影響，並掌握它的運作規律，用自身的力量對不良情緒進行積極控制與防禦。

讓我們「善變」的荷爾蒙

前不久，大陸某著名高校實驗室在網路上發出一則「招募經期正常女生玩樂透彩券」的文章，引起無數網友關注。大家都對這個消息表示費解，不明白樂透彩券與女生的經期有什麼關係。據這所高校的實驗室負責人說：「透過樂透彩券的方式，我們可以更清楚地觀察到女性在經期前後的情緒波動，以及決策行為上的變化。」這個專案在2010年就已經通過了審批，但至今無人報名。負責發文章招生的陳博士說：「雖然在本地沒有人願意參與實驗，但在國外，已經有機構採用這種方法做研究。」

月經週期真的會影響女性的情緒、決策和行為嗎？這個問題第一眼看上去可能會讓大家覺得荒謬。但是，科學家告訴我們，這兩件看似毫不相干的事情內部卻存在著千絲萬縷的關係。

眾所周知，月經週期是否規律、是否正常，關係著每一個女人的身心健康。月經來潮時，女人不僅要承受身體上的疼痛，同時還常常伴隨著情緒的劇烈變化，而這正是由於經期女性體內荷爾蒙值的波動所造成的。研究發現，女性在月經期間，體內荷爾蒙濃度最高，此時的她們常常被高度的幸福感與自尊感所包圍；而在經期來臨前，由於荷爾蒙的下降，女性容易感到煩躁不安、緊張焦慮，出現多種負面情緒。

根據女性經期的變化，美國國家精神健康研究院的學者們發現，女性在卵泡期的決策行為能力要比處於黃體期時強得多。因此，荷爾蒙不僅能夠影響女性的情緒與行為決策力，甚至還能對我們選擇購買彩券的時間有著參考意義。

人們常說「女人善變」。其實，在荷爾蒙的作用下，無論男女，我們每一個人都是善變的。荷爾蒙分泌正常的男性大多身體強壯、個性陽剛，肌肉骨骼非常發達，聽覺與視力也十分良好。在劇烈運動時，心肺系統的調節能力也會變高，整個人顯得精力充沛而富有朝氣。當一個男人的荷爾蒙分泌不佳，甚至出現衰退時，那麼他的頭髮就會逐漸脫落，脂肪堆積日益增多，性衝動的次數也越來越少，精神上呈現疲憊憂愁的不良狀態。

同樣，一個荷爾蒙分泌不良的女性身心也會出現變化。首先她會出現月經失調、失眠、健忘等症狀，然後皮膚會變得鬆弛，毛孔逐漸粗大，嚴重時還會出現色素沉澱，泛起油光和色斑，身體上種種不舒服會直接導致情緒上的不穩定。缺乏荷爾蒙的女性常常煩躁易怒，因為一點小事就會失控。相反，一個荷爾蒙充足的女性精神狀態十分積極有活力，她的新陳代謝旺盛，細胞生長迅速，所有器官生機蓬勃，能用足夠的體力去應付每一天的緊張和壓力，輕鬆快樂地生活。

荷爾蒙作用於我們的身體，同時也影響著我們的情緒，讓我們隨著它的增多減少而「善變」。要想讓自己的心態永遠健康，體態常保年輕，我們就要把更多的注意力從外在世界轉移到自身上，充分釋放快樂的荷爾蒙，讓我們產生無盡的快樂與愉悅感。

控制情緒，分泌快樂荷爾蒙

荷爾蒙是人類的情緒操盤手，掌管著我們的生老病死、喜怒哀樂，而我們對它卻常常無計可施。漸漸地，我們成了荷爾蒙的奴隸，任由它叫我們微笑，讓我們哭泣。如果惹它不高興了，它還會引發各式各樣的疾病，讓我們的身體難受，精神痛苦。實際上，身體與心靈都是自己的，我們並沒有必要對荷爾蒙俯首稱臣，更不該甘心做個唯唯諾諾的奴僕。

我們的身體就像是一座旅館，裡面住著許多「房客」。它們雖然各自做著自己的事，卻都要服從於旅館主人訂下的規矩，這個主人就是我們自己。假如我們訂下的規矩毫無章法，甚至過分干涉房客的自由，那麼它們就會表示抗議，甚至集體造反，到時候，承擔一切損失的還是旅館主人自己。所以，我們應該做個聰明的主人，在瞭解了荷爾蒙這位房客的脾氣秉性以及生活習慣後，學會對它進行巧妙地控制，使它盡可能多地分泌快樂物質，進而讓我們的人生更加幸福。

人生原本沒有意義，是每個人的主觀意願為自己的人生賦予了不同的意義。有了意義就會產生目標，我們才會擁有行動力。人是群居動物，不可能單獨存活，每個人都要與其他人發生千絲萬縷的關係。所以，我們所訂下的人生目標不能只對自己有益，還要兼顧他人的利益。只有確定了良性的目標，我們體內的荷爾蒙才能發揮出最大的作用。當我們做出和目標一致的行為舉動時，荷爾蒙就會釋放幸福因子，讓我們產生快樂的感覺。久而久之，人體的內分泌系統就會積極運作，讓我們整個人呈現出一種良性循環的狀態。就算別人覺得苦，我們也能樂在其中，盡享幸福的感受。這就如同很多積極投身科學研究事業的科學家，為了達成研究目的，他們常常要不分晝夜地待在實驗室中，有時候還要親自充當「小白鼠」，冒著生命危險嘗試各種藥品。儘管有時實驗失敗，但他們仍然能夠從中體會到快感，品味到樂趣。

人生最大的痛苦往往不是廢寢忘食、百思不得其解，而是無法感受快樂的存在，無法與人分享自己的喜悅。那些得道的高僧，全神貫注的研究者，正是掌握了自己的荷爾蒙分泌規律，能夠對體內的分泌系統進行一定的正確誘導和驅動，才能使身心常保愉悅，最終達到出神入化的境界。

人是受自己的大腦所支配，而荷爾蒙等分泌物會影響大腦的運作與波動。當人們採取積極正面的思考時，大腦中的分泌物就會激發細胞活力，讓人在放鬆的狀態下發揮潛能。反之，當人們出現緊張、易怒等不良情緒時，大腦就會分泌出一些有毒物質，干擾腦波的常規運行軌跡，讓人感到疲憊和煩躁。所以，我們要藉助自身荷爾蒙的分泌規律，在不同的情況下運用適當的方法來控制情緒，做自己真正的主人。

懂得節制，放縱等於透支快樂

泰戈爾曾說：「對我們的習慣不加節制，在年輕精力旺盛的時候不會立即顯出它的影響。但是它逐漸消耗這種精力，到衰老期我們不得不結算帳目，並且償還導致我們破產的債務。」的確，無論待人還是做事，我們必須有所節制。過多的飲食會讓我們消化不良，過分的開銷會讓我們債務纏身，大喜大悲的情緒會引發身體疾病，忽冷忽熱的態度會讓對方招架不住，甚至選擇遠離……所以，只有適度的節制，才能從生活點滴中發現溫暖，體會快樂，感受輕鬆的幸福。

喪失節制會遭遇不幸

我們對人對事都該講究適度，講究節制。我們的飲食要有所節制，否則高血壓、高血脂、肥胖症就會找上門來；我們的消費必須有節制，不然就會透支；我們的學習和工作也要有節制，否則身體就會吃不消，甚至過勞死……所以，人一旦喪失了節制，就會惹來意想不到的麻煩。

吳心涵是一名剛剛加入職場的護士，她對待工作非常認真，態度十分積極。她的個性開朗，對每一位病人都關愛有加，臉上總掛著純真甜美的笑容。

一天，吳心涵獨自一人值夜班。突然，某間病房的呼叫鈴響起，一名患者突然出現了呼吸急促的症狀。當時的醫生不在，為了讓病人盡快脫離危險，吳心涵自作主張為病人戴上了氧氣罩，並私自將氧氣流量加大。救命的氧氣源源不斷地輸送到體內，病人瞬間感到呼吸順暢，他感激地望著吳心涵。吳心涵微微一笑，關上門回到了護士站。

過了一會兒，一名急診病人被推到了病房，吳心涵跑前跑後，積極地配合醫生進行治療護理。等病人被安頓好後，吳心涵滿頭大汗地回到護士站。稍作休息後，她來到剛才吸氧病人的房間進行探視，結果發現病人已經死亡了。醫生聞訊趕回，向吳心涵瞭解情況後確認，病人的死因是氧氣中毒。高濃度的氧氣抑制了病人的呼吸中樞，讓他喪失了自主呼吸的能力，因此悄然離世了。

節制的本意是控制、克制，它的反義詞是放縱、過度。氧氣，是人類賴以生存的重要氣體之一。我們都知道，缺氧會引起人體呼吸系統的諸多疾病，甚至會威脅生命，但過量吸氧也會導致死亡。所以，再美好、再需要的東西，我們也必須學會有節制地享受。吳心涵是個非常有愛心的護士，她是發自內心地希望病人能夠盡快脫離危險，早日康復。可是她卻因為喪失節制，導致了病人的死亡。

這個世界最受歡迎、最被讚美的就是愛，但是也要掌握好火候，有所節制地表達。當我們要奉獻自己的愛心，給予對方幫助的時候，不妨先提醒自己，一切都要有所節制，講究尺度，千萬不要讓令人嚮往的愛變成讓人懼怕的傷害！

凡事都應有個度

儒家思想中曾講到：「凡事貴有度。有度，是君子之美德，生活之智慧，亦是和諧之要義。言詞有度，則意達而融洽；進退有度，則圓潤而通達；取捨有度，則心寬常樂；待人有度，則親疏得宜；處事有度，則行止得體。萬事須有度，過則必有咎。」如果我們能在做任何事時掌握好尺度，那麼就能在這個過程中，鍛鍊出獨立思考的冷靜頭腦，穩定有序的縝密思維，以及機敏靈活的反應能力。久而久之，我們就會變成一個聰慧機智、充滿自信的人。

一位老禪師走出寺院，下山講經弘法。走著走著，他路過一家古董行，看見裡面陳列著一尊形態逼真、神情安然的釋迦摩尼佛青銅像。老禪師十分歡喜，向老闆問價，希望能把佛像帶回寺中供養。店鋪老闆見禪師對佛像非常鍾愛，便獅子大開口，要價500兩銀子。老禪師聽後，沒有再說話，而是默默回到寺院，並對僧眾談起此事。大家紛紛湊錢，想幫助禪師請回佛像。這時，老禪師平和泰然地說：「這尊佛像花費50兩銀子足矣，請你們按我說的去做吧。」於是，老禪師向弟子們交代了一番，大家紛紛點頭，答應照辦。

第一天，一個弟子來到店鋪和老闆殺價，咬定450兩銀子，老闆搖搖頭，拒絕交易。第二天，又一個弟子來到店鋪，願意出400兩銀子買下佛像，老闆還是搖搖頭，不肯出售。就這樣，寺院每天都派一位不同的弟子到店鋪與老闆砍價，但每天都比前一天出價少一些。到了最後一個弟子所出的價錢已經低到了20兩銀子。這時，老禪師親自下山找到老闆，表示自己樂意出50兩銀子買下佛像。老闆眼看著一天天過去，買主出的價錢一個比一個低，每天他都後悔不如以前一天的價格賣給前一個人，為自己的貪婪深深自責。如今老禪師願意多出30兩白銀，他立刻點頭同意了這樁買賣。

老禪師微笑著對店鋪老闆說：「慾望無邊，凡事有度，一切適可而止啊！」聽了這句話後，老闆幡然醒悟，跪拜在老禪師面前，感謝他的教誨。

店鋪老闆的故事告訴我們，無論做什麼事情都要有個尺度，這個尺度就是分寸。尤其是在慾望面前，更應當懂得適可而止的道理，否則就會事與願違。

適度待人，輕鬆生活

「距離產生美」原本是美學的一個著名命題。但在心理學上，也曾經研究出這樣一個關於距離和美的有趣現象：當一個和你不太熟悉的人慢慢向你靠近的時候，你的心中就會生出許多莫名的壓力，讓你感到透不過氣。同樣，當你漸漸向一個不太熟悉的人靠近時，那個人也會產生無端的壓力感，甚至突然向後退幾步。這個現象說明，每個人的心中都存在著一定的安全距離，這個距離會隨著雙方交往的頻率與感情的深淺而變化。

當我們和交情深厚的朋友相處時，心理安全距離就會縮短，大家就可以勾肩搭背，相互擁抱，用身體的接觸表達著情感的親暱。相反，當我們和陌生人越走越近時，心理的安全距離就會增大，甚至會產生恐懼的想法，猜想這個陌生人是不是強盜，會不會謀財害命。因此，我們在與人交往時，應當巧妙地運用這條心理規律，用適度的方式與人相處，達成交往愉快的目標，讓生活變得更美。

每個人的心中都有一塊只屬於自己的私密小天地，那裡不希望被別人看到，也不想被他人瞭解和侵犯。所以，當我們與別人相處時，即便彼此十分熟悉，也要學會用適可而止的態度，給對方留下一點屬於自己的私人空間。只有這樣，我們才能讓彼此在輕鬆的狀態下愉快地相處。在婚姻生活中，就有很多夫妻不懂得適度的道理，總希望對方在自己面前像個透明晶體一樣，毫無保留、毫無隱私，最終雙方因為沒有自由和空間而引發衝突，甚至離婚分手。其實，愛情就像手中的細沙，握得越緊，失去的就會越多。如果夫妻雙方能用適可而止的態度相處，掌握好彼此的心理距離，那麼生活就會呈現出另一番景象。

如果我們能夠學會這種「發乎情，止乎禮」的優雅姿態與風度，那麼在與人相處的時候，就能夠巧妙地操控現場氣氛與局面，讓雙方在一種愉快的環境中交往，促進感情上的建立，達成事業上的共識，享受生活上的輕鬆。

在香甜睡眠中修練身心

很多人因為失眠或噩夢而無法安睡，導致第二天的情緒出現低潮，焦躁煩悶，對任何事都提不起精神。長此以往，身體就會發出警訊，出現神經衰弱等慢性疾病，嚴重影響日常工作和生活。

良好的睡眠不僅能夠讓我們的身體即時放鬆和充電，還能給我們的心靈做一次SPA，讓我們卸下一整天的壓力和疲勞，放下令人不悅的人和事，恢復平和自然的心態，用積極飽滿的精神迎接美好的明天。

小失眠，大危害

王宇明曾經是某IT公司的職員，經過自己的努力，在離開公司三年後開創了自己的公司，擁有了二、三十名員工。王宇明並不滿足於此，他積極投身在工作中，為公司的未來打拼。兩年後，王宇明的公司成功上市，他也如願以償坐上了CEO的職位，成了圈內聲名顯赫的青年才俊。上市後的公司部門健全，各個工作的員工都能全神貫注地進入工作狀態，這讓王宇明十分欣慰。可是不久，他卻患上了失眠。每天晚上的輾轉反側，嚴重影響了第二天的精神狀態，導致王宇明在會議上不能集中精神聽取各部門主管的彙報，也無法提出有效可行的改進意見。助理和秘書十分擔心上司的身心健康，買來了很多治療失眠的藥物，可是王宇明發現，每當他越努力想睡的時候，失眠的情況就會越來越重，讓他整個人痛苦不堪。

漸漸地，CEO精神委靡的消息傳遍了整個公司，大家人心惶惶，害怕公司業績滑落，甚至有倒閉的風險。於是，有的人開始默默尋找其他工作機會，有的人直接提出了辭呈。面對公司這種情況，王宇明感覺身上的壓力驟然增大，一時間無法消化，終於不堪重負，一病不起……

上述案例中的王宇明是一名典型的「恐懼失眠」患者。這種人大多是因為全神貫注於自己的睡眠，而使心理壓力不斷增大，最終適得其反，更加無法安睡。隨著時間的推移，這種心理性失眠最容易形成惡性循環，加重失眠的症狀，甚至出現盜汗、心悸、心跳過速等症狀，引發焦慮、煩躁、恐懼、易怒等不良情緒。因此，失眠對心理上的危害要遠遠大於對身體的影響。

有一項資料顯示：在神經內科就診的患者中，失眠患者佔總人數的20％，在這些失眠患者中，同時患有心理疾病的人數高達87％。可見，失眠已經嚴重危害到了我們的心理健康和日常生活。

小小的失眠，會對我們的工作、生活，甚至身心健康造成不可估量的危害。要想全神貫注地投入工作，充滿活力地生活，就必須關心我們的睡眠問題，讓我們的每一個夜晚都能安然度過。

良好的睡眠是身心滋養劑

人的一生大約有三分之一的時間都是在睡眠中度過的。當人們處於深度睡眠的狀態中時，不僅身體能得到有力的放鬆和休息，大腦也會在睡眠中調整狀態，恢復細胞活力。充足的睡眠有助於人們展開緊張的工作生、活，保持積極的狀態。所以，良好的睡眠是我們美好生活的保障，也是我們健康身心的滋養劑。

為了喚起人們對睡眠重要性的認識，早在2001年，國際精神衛生和神經科學基金會就計畫發起了一項睡眠與健康的全球性活動，將每年的3月21日訂為「世界睡眠日」。以此來提高人們對睡眠的重視，喚醒大家關心健康睡眠的意識。

怎樣才能擁有高品質的睡眠呢？其實，良好的睡眠來自於良好的生活習慣，只要我們養成健康的生活規律，那麼高品質的睡眠就會在每一個夜晚來臨。

我們應當遵循人體生理時鐘的規律，正常的人體生理時鐘是提高睡眠品質、維持身體健康的關鍵之一。體溫也會對睡眠產生影響。當人體體溫升高時，人們的情緒與能量就會逐漸飽滿，到達準備釋放的狀態；而當體溫降低後，人們就會有疲倦、放鬆、舒緩的感覺，隨後出現睡意。所以在臨睡前，我們不要洗熱水澡，因為這樣會使體溫再次升高，整個人恢復精神的狀態；也不要飲用咖啡、巧克力、可樂和茶等食品，它們會對人體產生刺激，使我們情緒激動，不易入睡。

另外，噪音也會影響睡眠的深度，我們要在睡前檢查好門窗的密封性，避免突如其來的巨響和噪音的干擾。值得一提的是，如果你容易失眠，那麼應該等到有睡意的時候再爬上床。因為過早的上床會加重心理負擔，讓人產生莫名的壓力感，進而無法安睡。在有的時候，晚睡早起反而有利於提高睡眠品質。

除此之外，還有很多影響睡眠的生活細節值得我們注意。比如晚餐不要吃得過晚過飽，否則會影響腸胃的休息，導致第二天出現便秘的情況；睡前不要喝過多的水，因為多次下床小便會不利於再次入眠；睡前不要進行緊張的腦力勞動和劇烈的體力運動，取而代之的應該是散步，盡量減少主觀上的刺激。

很多人認為睡眠時間越長，對身體的好處就越多。其實不然，臨床研究發現，一個健康的成年人如果每天睡眠超過10小時，那麼他的心血管功能和反應能力均會出現不同程度的下降。一般來說，成年人健康的睡眠只需維持每天七小時左右就夠了。

用美夢消除疲勞

每天晚上入睡後，我們都會做同一件事情：作夢。夢一般分為美夢和噩夢兩種。佛洛依德曾經說過：「美夢是潛意識的窗口，是慾望的滿足，是對無法完成之事做出的渴望和幻想。」的確，美夢不僅能夠消除身體的疲勞，還能釋放心靈的壓力，帶給我們無限的想像和快樂，讓我們在虛擬的時空中感受幸福。對於我們的身心，更是有百利而無一害。

相反，噩夢總是讓我們在恐怖的意境中驚醒，還時常伴隨著心跳過快、滿頭大汗等狼狽相。古希臘哲學家亞里斯多德曾說：「噩夢可能就是疾病的先兆。」羅馬的著名醫生林格在自己的著作中記載過這樣一件事：「有個男人經常夢見自己的左腿沉重如石，邁不開步，沒過多久，他的左腿果然癱瘓了。」

近代許多自然學家、心理學家和醫學家都在研究和探索噩夢和徵兆、疾病的關係，但目前沒有得出任何結論。不管怎麼說，噩夢是不好的，它首先破壞了我們的睡眠品質，其次影響了我們的心情，讓我們產生恐懼感，開始胡思亂想，甚至精神崩潰。所以，為了我們的身心健康，一定要盡快與噩夢說拜拜。

想要告別噩夢，就要首先弄清它的形成原因。醫學上認為，如果人在睡覺時血糖過低，那麼身體就會出現虛弱、盜汗、心悸等症狀，同時大腦也會由於供養不足，導致蛋白質合成受阻，刺激興奮神經，誘發噩夢出現。另外，容易為小事多愁善感、擔驚受怕、心理素質差的人引發噩夢的機率較高。簡而言之就是說，身心健康的人遭遇噩夢的機率相對小一些，身體虛弱、膽子又小的人做噩夢的機率就會增高。

很多人往往只注重人類日常的行為對身心健康產生的影響，卻忽視了噩夢帶給人們的危害。研究顯示，噩夢會使人們在驚醒後大口喘粗氣，心臟怦怦亂跳，這會對人體的心臟功能造成不良影響。如果刺激過重，還會引發急性心衰，導致人在睡眠中死亡。如果噩夢中的內容過於恐怖，超出作夢者的心理承受能力，那麼這個人的心態就會嚴重受創，思想走入極端，產生心理疾病，最終導致精神崩潰，變成瘋子或傻子，做出自殺、自虐等反常行為。因此，噩夢所迫害的不僅僅是那一晚的睡眠，甚至還會改變我們的個性與人生。

早日告別噩夢，就等於提前為自己健康的身心砌一道堅實的牆，把噩夢之魔攔在外面，使之無機可趁。

Chapter 6

惜福納福

——感恩才會快樂

珍惜每一刻幸福的感受

每個人都在尋找著幸福，追求著幸福，渴望著幸福，但真正能夠感受到幸福的人卻為數不多。有的人認為幸福在於物質、精神等各個方面，難以奢求；而有的人則認為幸福就是口渴時的一杯清水，簡單而自然。其實，幸福就像飄浮在空氣中的小小顆粒，時刻包圍在我們身邊，只有懂得發現與收集的人，才能體會到它的甜美滋味。

不要等到失去後才知擁有的可貴

張先生是某知名集團的總裁。在公司，上上下下的人都歸他管，聽他調遣。回到家中，他也是說一不二，擁有絕對的權威。張先生的妻子非常賢慧，不僅把自己家中的大小事務料理得井井有條，還經常幫助公婆打掃房間、燒菜做飯，鄰居們都很羨慕張家有這樣一個孝順能幹的好媳婦。可是，張先生總是不知足。

他認為這一切都是一個妻子應該做的，沒什麼好誇獎的。結婚五年了，張先生一直沒有孩子。對此，他常常耿耿於懷，每次他抱怨，妻子都毫無怨言地接受一切指責，沒有任何不滿的情緒。可是，張先生的脾氣越來越大，有一次居然動手打了妻子。這一次，妻子沒有再妥協，而是默默地收拾東西搬回了娘家。妻子走後，張先生的家裡亂成一團，屋子沒人收拾，東西經常不知道放在哪裡，父母那邊也沒人照料。

他雖然請過幾個幫傭，但都不能像自己的妻子那樣盡心盡力，有的幫傭居然還偷起了家裡的東西。這讓張先生煩惱無比，甚至影響了工作。漸漸地，他意識到了妻子的重要性，便趕到岳父家，向妻子請罪。他的誠懇態度感動了妻子，兩人終於重歸於好。不久，張先生應邀到電視臺做一檔成功人士的訪談節目，當主持人問他什麼叫幸福的時候，他語重心長地說：「幸福就是當下，不要等到失去後才知道擁有的珍貴！」

生活中，我們總能聽到有人抱怨自己的生活不完美，自己遇見的人和事都是那麼不如意。在這個物慾橫流的社會裡，每個人都想站在人生舞臺的最高處，擔當最佳男女主角。然而當慾望促使我們爭先恐後，不顧一切地採取行動，最終一無所獲，徒勞無功時，我們才幡然頓悟：原來珍惜現在擁有的才是最大的幸福。可是，我們在明白這個道理的同時，也許已經失去太多太多了。

在對一所幼稚園的訪問中，一位心理老師隨機採訪了一個小女孩：「妳覺得自己幸福嗎？」小女孩稚嫩的臉上洋溢著微笑說：「在學校，我有老師和夥伴們陪伴，我很幸福。回到家，我有爸爸媽媽在身邊，我也很幸福。」聽完小女孩的話，在場的家長們深受感動。一個5歲的小孩子都能如此珍惜身邊的一切，我們這些成年人為什麼就不能呢？

其實，幸福就像花一樣，在每個人身邊默默地綻放。雖然它們也會凋謝，但是在這一朵幸福之花枯萎前，總會有另一朵花正在含苞待放。只要我們能夠用心感受身邊的人和事，就能抓住生活中一點一滴的幸福。

做個能被感動的性情中人

感動，顧名思義，就是感情動起來了。它是指思想情緒受到外界事物的影響而產生波動，觸發情感。人與動物的區別除了在於製造工具和使用工具以外，還在於豐富的情感及自身感受。人們總習慣把那些感情豐富的人稱為「性情中人」，這種人往往個性直率，為人真誠，擁有較好的人緣。而在當今社會中，這種性情中人卻越來越少，人與人之間越來越生疏，幸福的影子也逐漸模糊起來。

在國外的一次優秀新聞工作者評選中，一位實習記者獲得了讀者們的一致好評，以高票獲此殊榮。這位實習記者剛來報社不到半年，主要負責每週二生活專欄的內容。與前輩們不同，他採訪對象並不是名人的日常生活，而是把注意力放在一般百姓身上。比如一對耄耋之年的老夫妻如何恩愛度過晚年，一位看護志工如何照顧無親無故的病人，一個環境衛生人員用僅有的薪水收養了許多流浪動物……這些身邊的小事看似不起眼，卻深深感動了這位實習記者，他透過鏡頭和文字，把這份感動傳遞給每一位讀者，讓大家也為發生在自己身邊的故事動容，共同感受這份平凡的幸福。

這位獲得優秀新聞工作者大獎的實習記者就是一位性情中人，他關心生活，善於捕捉身邊的美好，並願意與讀者分享這份情感，引發大家的感動之情，讓人們感覺到現實生活的溫馨與幸福。如果我們能夠像案例中的記者那樣留意生活，注意體會，那麼我們也會成為感動的發起人。

當你掉在地上的書本被別人幫忙撿起的時候，你會為他的熱心而感動；當你的朋友犯了錯決定痛改前非的時候，你會為他的決心而感動；當裝上義肢的殘疾人摔倒在地又努力爬起來的時候，你會為他的堅毅而感動……當我們學會關心生活，留意身邊的時候，我們就能獲得無限的感動，體會身邊的幸福。

生活中，一些最簡單卻最美好的小事往往最容易被人們忽略和忘記，也會因此而錯過許多幸福。只有細心觀察身邊的人和事，才能觸動我們內心深處的那根感動之弦，撩撥起心靈的天籟之音。

幸福就是平凡的存在

在一次心理培訓會上，老師對臺下聽課的職場白領們提出了一個問題：「幸福是什麼？」有的人說：「幸福就是我買到了自己喜歡的衣服。」有的人說：「晚上與戀人一起坐在天臺看星星，就是幸福。」還有的人說：「下班回家後，能吃到老婆親手燒煮的菜，真是幸福！」……老師一一唸誦了學員們給出的幸福定義，大家發現沒有一個人的答案是相同的。這時，老師說：「其實，你們的回答都一樣，幸福，就是每一個平凡的存在。」

人生在世，每個人都有著同樣的起點與終點，唯一不同的就是中間的過程。在生命的過程中，有鮮花和掌聲，也有荊棘和淚水。儘管每個人此時此刻所在的處境不同，但我們的目標都一樣，那就是在五味雜陳的人生中尋找幸福，擁抱幸福。

我們經常能看到有些家財萬貫、穿金戴銀的富翁總是一籌莫展，而那些貧困潦倒、食不果腹的乞丐卻能笑顏逐開；一些四肢健全、能說能做的健康人總是消極悲觀，而那些肢體殘疾、行動不便的病人卻能樂觀開朗。這是因為，在幸福悄然來臨的時候，很多人常不自知。

我們總是渴望著幸福的到來，馬不停蹄地追逐著幸福的足跡，然而幸福悄悄穿梭於生活中時，我們卻在抱怨著生活的不幸。有時，幸福明明就在身邊，卻被我們在不經意間弄丟了。我們盲目地渴求幸福，期盼幸福，卻忘了在平凡的生活中撿拾幸福，收集幸福。可見，並不是幸福遠離了我們，而是我們忽視了幸福。

幸福其實很簡單，只要我們用心去感受，就能捕捉到它的存在。生活中，一句親切的問候，一聲窩心的話語，一個關切的眼神，一絲淺淺的微笑，都是幸福的因子，值得我們體會與收集。幸福就像散落在生活中的細碎貝殼，只要我們仔細關注，用心撿拾，然後把這些美好的瞬間串成一條長長的珠貝項鍊，我們就會擁有一生的幸福，獲得最大的滿足。

停止抱怨，學會感激

人們之所以對現實有諸多的抱怨，並不是現實真的做了什麼對不起他們的事，而是現實沒有給他們自己想要的那些東西。如果我們能夠擁有感恩生活，感激失敗的智慧，才能化解抱怨，讓身心獲益。

停止無謂的抱怨

抱怨的本意是心中懷有不滿，責怪導致不滿的源頭。它是每個人心中都存在的一種情緒，也是我們不該有的心理狀態。夫妻間相互抱怨，會影響雙方的感情，甚至導致離婚；下屬對上司抱怨，會影響工作進度，招來辭退之禍；朋友之間互相抱怨，不僅破壞了曾經點滴累積的情誼，還有可能反目成仇……因此，抱怨會給我們造成不必要的損失，招惹許多麻煩，我們應該盡力杜絕它的存在。

從前，一位年輕的農夫划著小船，在給下游村莊的居民運送自家生產的糧食。由於烈日當頭，酷暑難耐，農夫汗流浹背，苦不堪言。他用力划著船，希望能快點到達目的地，好上岸休息一下。突然，農夫發現一艘又輕又快的木船正朝著自己的小船迎面駛來。他十分煩躁地朝對面大喊：「快點讓開！你這個蠢貨！再不躲開你就要撞上我了！」農夫一番叫嚷後，對面的木船絲毫沒有避開的意思，直衝過來。

農夫手忙腳亂地向岸邊躲避，但為時已晚，兩艘船還是重重地撞在一起。農夫十分氣憤，認為對方是故意的，他大發雷霆，厲聲斥責道：「你到底要幹什麼！這麼寬的河面，竟然還是撞到了我，你到底會不會開船！」一番責罵後，對方的船上沒有任何人應答。農夫仔細審視著對面的木船，他吃驚地發現，對面的船上竟然空無一人。原來自己大呼小叫、拼命怒罵的對象竟然是一艘漂流而來的空船。

這則古老的寓言故事告訴我們：在很多情況下，當你抱怨、指責、怒吼的時候，你的聽眾也許只是一艘空船。那個激怒你的人，也絕不會因為你的指責和抱怨而改變他自己的航向。那個讓你惱羞成怒的人，往往就是自己。因此，我們應該停止無謂的抱怨，避免它製造的麻煩轉變成我們自己的麻煩。

幸福並不是擁有得多，而是計較得少。面對生活中的困難與問題時，幸福的人從來不會問「為什麼」，而是問自己「為的是什麼」，他們也不會在「生活為什麼對我如此不公平」的問題上做過長時間的糾結，而是會在「我該怎麼克服難題，改變生活」的問題上積極開始動腦筋，想辦法解決。

那些持有消極心理、心存抱怨的人是不可能成功的，因為他們把寶貴的時間使用在積存怨憤上，浪費在責備社會、埋怨家庭上。只有心懷感激，態度積極的人才能珍惜每一份真摯的感情，理解每一個傷害自己的人，進而樂享幸福。

失敗與傷害同樣值得感謝

某知名寺院的師父曾經收到過這樣一封來信：「尊敬的師父您好，我是一位經常到貴寺院參拜的女大學生。三個月前，與我相處了兩年的男友突然向我提出分手，原因是他愛上了我的室友。分手後，他和我的室友經常出雙入對，甚至在我的面前大秀恩愛。我無法接受其他室友的異樣眼光，也沒辦法承受這種傷口上撒鹽的疼痛，我決定一死了之。希望您能祝福我，加持我，讓我這個無辜的生命往生極樂世界！」看到這裡，師父立刻回覆了一封信件，讓快遞公司送到女大學生手中。

師父的回信是這樣寫的：「阿彌陀佛！首先要告訴妳，自願放棄生命的人是無法往生極樂世界的。其次，妳應該感謝傷害妳的人，因為他磨練了妳的心志；感謝欺騙妳的人，因為他增進了妳的智慧；感謝中傷妳的人，因為他砥礪了妳的人格；感謝鞭打妳的人，因為他激發了妳的鬥志；感謝遺棄妳的人，因為他教導妳該獨立；感謝絆倒妳的人，因為他強健了妳的雙腿；

感謝斥責妳的人，因為他提醒了妳的缺點。凡事感激，學會感激，感激一切使妳成長的人！」這位想要輕生的女孩子在看了師父的信後大受啟發，她剪了新髮型，決定用微笑面對自己的前男友與室友，並感謝他們給予的傷害，讓自己成熟起來。

當我們的身心受到傷害，遭遇欺騙時，一味抱怨或者耿耿於懷只會讓自己深陷傷痛之中，最終無法自拔。如果能夠懷著一顆感恩的心，不管別人用什麼方式來對待你，你都能夠把他們對自己造成的傷害看成是一句告誡、一股力量，來提示自己不要犯錯，激勵自己成熟起來，堅強起來。

每一件事都是一個雙面體，它在給我們展示壞的一面時，也在無形中給予了好的一面。當我們面對困難與挫折、失敗與痛苦時，不妨換個角度想一想，試著用感恩的心態去理解和面對。感謝那些給我們傷害的人，是他們磨練了我們的心智，增進了我們的智慧，讓我們學會辨別好壞，分清美醜，防止再次受騙。也是他們讓我們學會了堅強，懂得了眼淚是笑容的開始，也懂得了加倍珍惜那些不傷害我們的人。

當我們學會用感恩的心去面對挫折，接受失敗與傷害，我們就不會再感覺到痛苦，更不會被煩惱包圍。

每天記下一件值得感激的事

感恩節是美國人十分注重的傳統節日之一。在這一天，每個家庭的親朋好友都會歡聚一堂，共同稱頌上帝，感恩在過去的一年裡所給予人們的一切仁慈與恩惠。不僅如此，感恩節當天，各大超市的門口還會放置一個大籃子，裝滿飲料和食品，供給那些食不果腹的乞丐與貧窮的人。而且教堂、學校、政府等機構也會準備大量的食物，發放給無家可歸的可憐人。目前，感恩節已經受到了全世界的推崇，大家在這一天都會心存感激地幫助他人，為自己的心靈收穫滿足與幸福。

不光是感恩節，我們生活的每一天都有值得感激的事情發生。當我們餓的時候有飯吃，渴的時候有水喝，冷的時候有家回，生病的時候有人關心和醫治時，都應該發自內心地予以感謝。擁有一顆懂得感恩的心，才能發現平凡生活中的美麗，在酸甜苦辣的曲折人生中體會永恆的幸福與快樂。

美國加利福尼亞大學的一項研究顯示：人們經常記錄值得感激的事，就會在未來的一週變得更加樂觀，對生活也會更加滿意，充滿興趣。所以，如果我們能夠養成每天記錄一件值得感激之事的習慣，也就等於是為自己的生活增添色彩，為心靈尋覓幸福。值得感激的事情可大可小，可繁可簡，只要用心去尋找，你就會發現它遠遠不只一件。

當然，我們每天記錄的也許會發生重複，但這無關緊要。要知道，記錄感激之事的目的是為了讓自己體驗被幫助、被關心、被呵護的幸福感受，而絕不是枯燥無味的家庭作業。養成記錄感激之事的好習慣，就如同在每日提醒著自己知恩圖報，用感恩的心態幫助他人，給對方帶來幸福。

每天只需花一點點時間，記錄下一件令自己感激的事情，久而久之我們就會發現，母親的一個微笑，父親的一句叮嚀，戀人的一頓早餐，朋友的一次關懷，都像是上天給予我們的禮物那樣寶貴，值得我們用心去珍惜。

一萬個美好的未來，也比不上一個幸福的現在

紛擾複雜的社會中，應該如何讓自己感受幸福？是沉溺於過往，還是寄託於未來？這兩種選擇全是錯誤的。因為過度地回憶會讓人產生悔恨與羞恥感，而一味地展望未來則會讓人產生失望和恐懼感。

只有我們把注意力轉移到眼前，全心投入於當下的時候，我們才能體驗到此時此刻的感受，專注於正在進行的事情，看到現實的真面目，並對所期待的未來發揮正確的指引作用。

憧憬未來，先要過好現在

月華與男友阿康交往了三年，他們相親相愛，出雙入對，是朋友圈中人人羨慕的一對佳偶。但是就在前不久，月華告知所有的朋友，她與男友分手了。大家都為這個意外而感到吃驚，不明白是什麼原因讓這對恩愛甜蜜的戀人分道揚鑣。月華傷心地講述著：「阿康就職的公司在加拿大開了分廠，上司希望他能到加拿大學習深造兩年，然後回國給予一定的晉升空間。

這對阿康的前途來說是件好事，於是我就同意了。原來我們每天都在一起，形影不離，如今他走之後，家裡就剩下我自己。雖然阿康每天都會打越洋電話，跟我說兩年之後的日子是多麼美好，他對未來有怎樣的打算，希望我等著他回來。但是，一萬個美好的未來，也比不上一個幸福的現在。不管阿康對兩年之後的憧憬有多麼美好，如今我仍然要一個人生活，生病了也要自己照顧自己。櫻桃小丸子都說：『要過明天，先要過好今天。』如果不能在一起感受幸福的現在，就不要談那些美好的未來。我把自己的想法告訴了阿康，並得到了他的默許，我們就和平分開了。」

朋友們又與阿康通了電話，阿康表示自己很認同月華的觀點。在加拿大，每天下班後，阿康都拖著疲憊的身體回到住地，感到十分孤獨。我們畢竟只能活在當下，如果現在不能彼此相伴，那麼即使未來再富有、再美好，也都會變成虛無的夢幻。愛情的意義並不在於承諾的永恆，和對未來的期許，而是在於相互陪伴，相互關照的每一個現在。

在我們的身邊，很多人會這樣想：等我有了房子，我就幸福了；等我有了錢，我就幸福了……這種思維模式就好像必須在當下經歷磨難，才能在成功後獲得強烈的幸福感一樣。實際上，如果不能過好眼前的生活，把握好每一個現在，那麼對未來的憧憬只能是一部幻想小說，充滿著假象與不真實感。當我們陷入對未來的無盡遐想，而忽視了眼前本該抓住的快樂，那麼幸福就會從當下的生活中悄悄溜走，美好的未來也將不復存在。

我們的生命遠遠不如想像中那麼堅強，一旦偏離原來的軌道，未來就會變得不可預料。只有適當地放下對未來的期許與憧憬，活好今天，過好現在，才能把握住眼前的幸福，感受真實的存在。

珍惜眼前，幸福才能真實

一對恩愛的夫妻因為教育孩子的方法發生了爭吵，由於雙方互不相讓，爭執越來越激烈，丈夫無法忍受妻子的歇斯底里，打算開車出去平緩一下激動的情緒。這一舉動讓妻子十分惱火，她追著丈夫的車，在車道上一邊奔跑，一邊大喊。這時，迎面駛來了一輛廂型貨車，由於司機躲閃不及，將妻子撞飛了出去。丈夫立即停車，奔向倒在血泊中的妻子。當得知妻子已經死亡的消息後，丈夫不禁失聲痛哭，他十分後悔，怪自己沒能珍惜和太太在一起的時間，沒能顧及她的生命安全，造成了陰陽兩隔的悲劇。

在我們的一生中會遇見無數的人，長相廝守的戀人，擦肩而過的路人，一面之緣的朋友，情誼深厚的至交……無論遇到什麼人，都是一種緣分。今天遇見了，很可能今生就再也碰不到了；今生遇見了，來世也不一定能再見。人生都是從出生走向死亡的過程，只有活在當下，抓住眼前的人才能真正感受生命中的每一個瞬間。

賀拉斯曾經說過：「把每天都想像成這是你的最後一天，你所不盼望的明天將會越顯得珍貴與歡喜。」這句話的意思就是說，只有珍惜眼前擁有的一切，幸福才能得到真實的表現，未來才會更值得期待。

仔細觀察就會發現，在人生中的每一個當下，我們都會同時擁有很多東西。如果能夠珍惜眼前所擁有的一切，那麼就會在一瞬間獲得幸福的感覺。時間是上天送給每個人的財寶，此時此刻的你在怎樣利用它呢？如果能夠珍惜時間，善用時間，那麼就能累積知識，充實自己，讓每一天都有所收穫。

金錢是商品交換的媒介，沒有它是萬萬不能的。如果能夠珍惜錢財，理智消費，那麼就能在滿足日常生活的同時積存下一筆財富，用在人生中更有意義的地方。愛是世界上最偉大的語言，如果能夠珍惜緣分，善用情感，那麼我們的心中就會充滿慈悲，世界也會因為真誠和愛的力量而變得更美好。

眼前的一切承載著過去，連接著將來，是最為真實可靠的存在。只有我們抓住當下，珍惜眼前所擁有的一切，才能糾正過去的偏差，汲取此時此刻的能量，創造未來的輝煌。所以，不要被過去的種種所囚禁，也不要在未來的憧憬中迷失，最寶貴、最真實的幸福一直就在眼前，就在每一個當下。

把握當下，未來更有希望

印度有一位知名的哲學家，由於相貌俊朗，氣質高雅，受到當地很多女孩子的崇拜與追捧。

一天，當地一位出身名門的女孩子前來拜訪，向他表達了愛意，並對他說：「錯過我，你將再也找不到比我還愛你的人了！」這位哲學家雖然很中意眼前的美女，但還是煞有其事地說：「容我再考慮考慮吧！」女孩子走後，哲學家陷入了苦思冥想中。他把結婚的利弊一一羅列出來，橫向縱向進行著比較，分析著好壞。幾天後，他終於有了結果，決定到那個女孩子家登門提親。

當他帶著聘禮，興高采烈地來到女孩家中時，女孩的爸爸卻說：「你來得太晚了，我的女兒昨天已經嫁給別人了。」哲學家聽後，整個人呆若木雞，他怎麼也沒想到，自己對未來的仔細斟酌，卻親手斷送了幸福。頓時，他大徹大悟，明白了一個道理：把握當下的幸福，才有可能擁有幸福的未來。

在我們的身邊，有很多人像這位哲學家一樣，由於過多的計畫未來、憧憬未來，而沒能把握好當下，讓幸福從生命中溜走。身處寒冷冬季的人盼望著溫暖的夏天，而等到悶熱夏季來臨的時候又開始懷念空氣清爽的冬天，如此反反覆覆的期待未來而忽視現在，最終只會空歡喜一場。

未來是不受任何人控制的，如果我們總把精力用在對未來的推測與猜想上，而忽視了當下的感受，忘記了此時此刻該做的事，那麼未來也不可能幸福。如果說登上山頂是我們期盼中的未來，那麼在爬山的過程中，我們就必須腳踏實地，一步一個腳印，把握好自己當下所走的每一步。只有這樣，才能平安順利地到達山頂。所以，我們並不需要在對未來的展望上花費過多的心思，只有認真把握好每一個現在，未來才能更有希望，更加理想。

過去是句號，因為它代表著一切都已告一段落；未來是問號，因為它充滿著不可推測的變數；而當下是冒號，因為它是每個人的現在進行式。只有我們努力去把握每一個當下，人生才能活得精彩，未來才會富有意義。

左顧右盼只會讓你錯失幸福

有些人總是想得到更多更好的東西，最終在左顧右盼、猶豫不決中失去身心的健康與平衡，與幸福擦肩而過。這種行為不僅阻礙了成功的腳步，還極大地浪費了人生。

只有克服左顧右盼的態度，懂得知足常樂的道理，才能在機遇來臨時積極把握，即時做出正確的決定。

什麼都想要＝什麼都沒有

當今社會，很多人都覺得自己活得很累，總希望擁有得越多越好，站得越高越好，於是不斷地佔有，拼命地索取，讓身心沒有時間休息，最終疲憊不堪。實際上，什麼都想要的結果往往是什麼都沒有。因為人們常常在做選擇的時候花費過多心機和精力，在慾望的唆使下無限地渴望與索取，最終讓自己陷入瞻前顧後、猶豫不決的謎團中無法自拔。

這種左顧右盼的情緒就像一個魔鬼，讓我們在渴望與貪慾的沼澤中掙扎，然後毫不留情地

Chapter6 惜福納福
——感恩才會快樂

奪走一切。耶穌曾對他的門徒們說：「一個人賺得了整個世界，卻喪失了自我，又有何益？」這句話的意思就是說，我們在渴望索取、計較失去的時候，往往忽略了眼前正在擁有著的幸福與快樂，最終讓煩惱纏身，迷失了自我。

一個地產界的大亨由於受到經濟危機的影響，生意日益滑落。為此，他的心情大受打擊，整日煩悶，每晚都無法安眠。於是，他找到心理醫生進行求助。醫生對他說：「睡不著覺的時候不要著急，試著閉上眼睛做深呼吸吧！如果還是睡不著，那就數磚頭吧！」一個星期後，這位地產大亨來到診所複診。他瞪著充滿血絲的雙眼，委靡地對醫生說：「您教我的方法不怎麼靈驗啊！我躺在床上做了半天深呼吸都沒有用，然後開始數磚頭，不知不覺就數了三萬多塊。」醫生驚訝地說：「數了三萬多塊還睡不著？」大亨鬱悶地答道：「本來已經有睏意了，但是我一想到三萬多塊磚頭能蓋多少層樓，蓋好以後有沒有人會買，就又睡不著了……」

故事中的地產大亨就是因為太計較錢財，太在乎得失，才會中了左顧右盼的魔障，無法保持身心的健康。從數磚頭想到了蓋房，又從蓋房想到了銷售，照這樣下去，怎麼能擁有良好的心態呢？其實，有錢有勢的人未必幸福，但知足的有錢人一定幸福；沒錢沒勢的人也未必幸福，但不貪圖、不過分奢求的窮人一定幸福。

人是群居動物，誰也無法離開社會和其他人。當我們在生活中遇到各式各樣的問題時，如果不滿足於自己當下所擁有的，過分追求其他的好處，甚至各種好處都想得到，那麼自己的身心必定會疲憊不堪，無法感受幸福。相反，如果我們能夠保持頭腦清醒，懂得知足，珍惜當下，就能改掉左顧右盼的毛病，輕鬆愉悅地面對人生。

你是個左顧右盼的人嗎？

人的一生寶貴而短暫，我們不應該把過多的精力放在對身外之物的追求上，更不應該因此浪費時間和生命。當我們即將離開這個世界，又有誰能把金錢、地位、權勢帶走呢？面對種種誘惑，如果我們的胃口越大，那麼招來的苦惱和痲煩就會越多。左顧右盼只會讓我們慾壑難填，只有懂得知足，才能獲得當下的幸福。

如何瞭解自己的慾望是否過多，自己是否已經成為一個左顧右盼的人呢？請花一點時間，用最真實的內心想法來完成下面這道心理測試：

在一場隆重華麗的社交舞會上，口渴的你伸手示意，請服務生送來一杯飲料。很快，服務生端著托盤來到你的面前。托盤上有四個杯子，分別裝著不同份量的果汁，你會選擇哪一杯呢？

A．正準備倒入飲料的空杯。

B．半杯滿的果汁。

C．七分滿的果汁。

D．十分滿的果汁。

【測試結果】

選擇A的朋友，你是一個對金錢與權勢慾望非常強烈的人。你總渴望索取更多更好的東西，卻常常搞不清楚自己到底需要的是什麼，最終在左顧右盼中迷失了自我。

選擇B的朋友，你是一個非常謹慎的人。對於身邊的一切都沒有太多的渴望與奢求，只要能夠滿足自己的需要就好，做人十分本分，懂得知足，珍惜眼前所擁有的一切。

選擇C的朋友，你是一個懂得為自己留餘地、留後路的人。你的自制力往往會很強，知道自身的能力所在，面對充滿誘惑的物質不會輕易出手，能夠控制行為和思想，讓自己在獲得所需的同時得到滿足。

選擇D的朋友，你是一個目的明確的貪婪之人。你的頭腦清晰，思維敏捷，總是明確知道自己想的是什麼，要的是什麼，同時也願意為此付出努力，盡可能多的獲得所需。你不會左顧右盼，但是心中也很貪婪。

打開克服左顧右盼的錦囊

左顧右盼是一種頑疾，人們很容易成為它的帶病體。一個渴望無限、貪慾過大的人，等於愚弄自己，什麼都想得到的同時卻忽視了自己所擁有的，結果很可能一無所有。儘管我們也需要物質享受，但大可不必在這方面花費過多的心思與力氣，心態平和一點，反而更容易獲得幸福與滿足。如果你很不幸地成為了左顧右盼的帶病體，那麼就請打開錦囊，為自己治癒。

首先，我們應當明確自己的價值觀。當兩個選擇出現在我們面前時，如果沒有一個固定的架構或判斷方式來幫助自己做決定，那麼就極易陷入左顧右盼的僵局中，讓自己迷失心志，拿不定主意。如果能夠學會問一問自己的本心「選擇哪一個能讓我覺得更值得」，那麼我們所做出的決定就是對自己最正確的，因為它來自我們的核心價值觀。這個決定也許不是最簡單、最容易實現的，但卻是我們最認同的，也是最能讓我們幸福的。

其次，不要過分糾結。當兩件同時想要卻又必須選擇其一的東西或物質出現時，人們就會不自覺地開始循環反覆地思考，中意於左邊，卻又留戀於右邊，左顧右盼，拿不定主意，最終讓事情複雜化，自己也煞費心力。其實，很多事情並沒有那麼繁冗，好比一頓早餐，我們大可不必在三明治和飯糰之間糾結，只要選擇一樣就好。如果我們左顧右盼，拿起飯糰又惦記三明治，最終全部吃下，那麼一定會消化不良，撐得難受。因此，果斷地做出選擇，避免長時間糾結，是非常必要的。

最後，我們要知足。《道德經》中有言：「禍莫大於不知足」。意思就是說，知足才能避免災禍。在現代社會中也流行著一句話：「幸福不是擁有得多，而是計較得少。」如果我們的慾望無限，總是無止境地追求與索取，那麼就會在追逐慾望滿足的同時忽視掉眼前所擁有的幸福，讓自己變成最疲憊、最辛苦的不幸之人。如果我們能夠珍惜身邊的一切，不管是愛我們的人，還是傷害我們的人，都能以笑容面對，心存感激，那麼我們就能獲得快樂，享受幸福的真滋味。

當我們摒棄了左顧右盼的壞思想，用一種新的視野看待生活，處理問題時，我們就會發現許多簡單的東西才是最美的。

被人需要也是一種幸福

我們每天都在繁華的大都市中奔波，雖然通訊設備發達，交通迅捷便利，但還是常常感覺人與人之間的距離變得越來越遠。我們拖著疲倦的身心，忙碌地追求著生存保障，賺取著經濟利益，很少有時間和精力去顧及那些需要我們幫助的人。如果我們能夠適當地放慢腳步，抱著毫無所圖的態度，全心全意地幫助一位陌生人，那麼就能在付出的同時，就會獲得到前所未有的幸福感。

你是一個願意付出的人嗎？

真正的幸福並不在於你擁有了多少，而在於你付出了多少。付出是一種平凡而又偉大的行為，更是一種純淨而又高尚的思想。日本知名作家池田大作曾說：「只有那些不僅僅為了自己的幸福，也能為他人的幸福而出力的人，才能得到真正的幸福。」無論你所能給予的是多是少，只要能夠付出真心，用真實的情誼幫助別人，那麼你就將獲得一種前所未有的幸福體驗。

你是一個願意付出的人嗎？認真做完下面的心理測試便能立即得知！

（1）朋友今天換了一個並不適合他的造型，問你覺得好不好看，你會怎麼說？

A．「很好看」——0分

B．「真的很不適合你」——2分

C．微笑，但不做回答——4分

（2）到朋友家做客，不小心將他的玩具弄壞，你會怎麼做？

A．不出聲，默默地將玩具放回原處——0分

B．買個新的賠給朋友——2分

C．立刻向朋友道歉，然後離開他家——4分

（3）和戀人約會時偶遇到了昔日的前任戀人，他還向你打了招呼，你怎麼辦？

A．把現在的戀人大方介紹給他——4分

B．裝作沒看見——0分

C．對他使眼色，然後立即離開——2分

（4）你在小的時候說過謊話嗎？

A．沒有——4分

B．忘記了——0分

C．說過——2分

（5）和朋友到餐廳吃飯，對方點了一份滷肉飯，你會怎麼做？

A．點一份相同的——4分

B．點一份不同的，但價格差不多——2分

C．只點自己喜歡的——0分

（6）朋友打電話告訴你他生病了，你怎麼辦？

A．立刻去醫院探望——4分

B．相信對方的病沒什麼危險，不予理會——0分

C．過幾天再打電話問候——2分

（7）朋友獲得了成功，你能否與他一起慶祝？

A．不能——0分

B．當然能——4分

C．無法確定——2分

（8）你說過自己朋友的壞話嗎？

A．說過——0分

B．從來沒有——4分

C．也許有，不確定了——2分

（9）和朋友的約會中你遲到了半小時，這時該怎麼辦？

A．立即飛奔前往——4分

B．相信朋友能夠諒解自己，保持正常速度前往——0分

C．反正已經遲到了，就慢慢地走吧！——2分

（10）家中飼養的鳥生病了，你會怎麼辦？

A．把鳥放歸山林——2分

B．把鳥安樂死——0分

C．繼續飼養，直到牠自然死亡——4分

（11）戀人不幸患上絕症，只剩下三個月的時間了，你打算做點什麼？

A．聘請所有名醫前來救治——0分

B．陪戀人去旅遊散心——2分

C．和戀人結婚——4分

（12）比你年紀小的人給了你勸告，你能接受嗎？

A．能——4分

B．不能——0分

C・無法確定——2分

【測試結果】

將十二道測試題中所得分數相加，然後對照下面結果進行判定：

37分或以上者：你是個願意為他人付出，懂得體貼他人的人。即使是很細小甚微的事，你也能細心地留意到。對於身邊的親人和朋友，你總是竭盡所能地給予關心和愛護。

29～36分者：你是個非常誠懇的人，認為能給朋友提供關懷與幫助是十分榮幸的事。但有時你並不善於表達，所以自己的心意常常無法讓對方體會到。

18～28分者：你很受自己的心情控制，即使是面對同一個人，也會時而親近熱情，時而冷淡漠然。你無法讓自己始終保持著以誠相待的態度，但也算是個樂於付出的人，只是陰晴不定，讓身邊的人有些難以捉摸。

17分或以下者：你是個非常自我的人，常把別人的事和自己的事劃分得十分清楚，既不會干涉別人的行動，也不希望別人打攪自己，是個不太願意付出的人。

給出去的才是自己的

國際巨星李連杰先生應邀接受了一家電視媒體的訪談。主持人問：「拍電影很累了，為什麼還要做壹基金這麼一個辛苦的事情呢？你能從中獲得到什麼嗎？」李連杰笑著說：「我的收穫就是：給出去的才是自己的！」主持人略有疑惑地繼續問道：「我們通常不是認為，拿回來的才是自己的嗎？」李連杰答道：「有一年我過生日，朋友送給我一個手錶。這手錶我戴了十年，非常珍惜。我們通常認為，送給朋友的生日禮物一旦送出去就不記得了。其實，我每次看時間的時候，都會想到這手錶是誰送的，而且非常想念他。錶雖然戴在我的手上，結果還是他的。留在你身上的一切都只是暫時的保管，等你走的時候，不管你願不願意，都得留下。所以，給出去的才是自己的！」

就像李連杰說的那樣，每個人的生命都是一個從生到死的過程，我們什麼東西也帶不來，什麼物品也帶不走。即使我們擁有了金山銀山，那也只能是這一生的暫時保管，等到走的時候，任憑你使出渾身解數，也無法將金銀財寶隨身帶走。然而，生活中有很多人並不明白這個道理，每天像機器一樣，埋頭苦幹，忙個不停，最終一無所獲。如果我們能夠學會付出，懂得獲得財富是為了更好地給予，那麼即使我們的生活不是很富裕，也能體會到「給人玫瑰，手有餘香」的幸福感。

當我們疲於奔波，忙於工作，下班時腿都快要累斷時，如果能把公車上的位子讓給別人，那麼我們就能獲得感激的笑臉和讚許；當我們汗流浹背，難耐酷暑，沒有空調可用時，如果能夠搖起扇子哄孩子入睡，那麼我們就能獲得溫暖的親情與孩子的愛；當我們住在租來的房子中，開著貸款買的車子，每天省吃儉用的過日子時，如果能在結婚紀念日時親手為妻子燒煮一桌飯菜，那麼我們就能獲得甜蜜的愛情，以及溫馨的家庭……當我們學會給予，並願意享受奉獻的感覺時，我們也就發現了人生的真正價值。

幸福並不是握在手裡的東西越來越多，也不是抱在懷裡的財富越來越豐滿，而是你所給予別人的東西有多少。不管是物質還是精神，只要我們懂得給予，願意付出，那麼幸福的因子就會凝聚在我們的心中，散發著愉悅的香氛。

不圖回報才能獲得幸福

懂得付出、願意付出，這本來就是一種幸福，與是否有所回報，回報的多與少並無關係。因為我們在幫助別人，為他人付出的同時會為他人送去方便和快樂，幸福的感覺也會不請自來。給人玫瑰，手有餘香。這種非同尋常的滿足感與歡喜滋味，往往比刻意地貪圖回報來得更有意義。

有一家粥舖的老闆要求廚師每天多準備出100碗米粥，在保持用餐客人吃飽吃好的前提下，用這100碗粥來救濟吃不到飯的乞丐，或是貧苦的老人與孩子。老闆並不為自己的這個善舉做任何宣傳，也從不在客人面前自誇，直到被經常光臨的老顧客發現，他才承認自己的善舉。顧客對他說：「你的店生意這麼好，為什麼不把那些粥賣掉，多賺一些呢。或者讓這些乞丐來給你打工，有失有得嘛！」老闆笑著回答：「我給他們粥喝只是希望他們不挨餓，從來沒想要他們幫我做什麼，因為我已經很快樂了。」

在我們的身邊，常常有幾種人：一種人貪圖索取，總認為所有人都虧欠於他，所以當別人稍有怠慢時，他就會感到不幸福；一種人自私，得到別人幫助後從不知道回報，覺得對方是應該的，所以也毫無幸福感可言；一種人在為他人付出後總想著獲得回報，當對方沒有給予任何報答時，他就會認為對方對不起自己，進而產生怨恨不滿之心；還有一種人就像故事中的粥舖老闆那樣，救濟他人從不貪圖回報，因為他在付出的同時已經收穫到了助人為樂的愉悅感，而且非常知足，因此這種人最為幸福和快樂。

付出是一種偉大的行為，能讓我們的內心獲得最大的幸福與安寧。如果付出的同時又貪圖回報，那麼當我們沒有得到回報或回報很少時，心中就會產生不公平感，將原本快樂的事情變成煩惱。儘管我們常說「付出總有回報」，但這畢竟只是一個嚮往完美的希望。現實生活中，付出與回報之間往往難以畫上等號。只有保持心中的平衡，將付出做為堅定的意願，把回報看做是飄渺雲煙，放寬心胸，不計得失，才能避免煩惱與不滿的衍生。

Chapter 7

別讓心太吵

——踏上寧靜的心靈之路

內心寧靜會帶來明月式的圓滿人生

在物質和慾望刺激下，人們感受幸福的細胞漸漸鈍化，體驗痛苦的神經卻變得異常敏銳。只有心態平和，才能保持和順的心境，獲得一個月亮般明朗靜雅的人生。

內心寧靜是最大的享受

國外某生活雜誌曾經刊登過一篇名為〈人生最好的享受〉的文章，裡面寫道：「人生最大的享受就是吃中國菜餚、住西方洋房、穿印度服裝、用法國香水、娶日本妻子、坐英國遊輪、乘新加坡航班、開德國汽車、喝澳洲牛奶、飲紐西蘭礦泉、到中國旅遊。」此文章一出，立即引發了讀者們的熱烈議論，許多人說雖然自己已經擁有了其中幾種生活，卻毫無幸福的感覺可言。

的確，在物慾橫流、金錢至上的今天，很多人選擇了向錢看，把自己深深地埋進物質慾望的泥沼中，以賺錢或盈利為人生目標，盲目地過著每一天。如果一個人的心志精神完全被物質和慾望所征服，那麼他的心中哪裡還有餘地容納其他的東西？久而久之，他們矇蔽了欣賞生活的眼睛，封閉了感受美好的心靈，像一個空虛的軀殼，在喧囂的都市中麻木地遊走著，無法體會到快樂的滋味，更看不見幸福的樣子。

實際上，人生最大的享受並不是吃喝玩樂，更不是對物質世界的擁有與滿足，而是來自於心靈世界的寧靜與充實。能讓生命過得有意義，讓自己活得自在安樂，那才是人生最大的享受。

想要追求內心世界的寧靜，我們並不用像梭羅那樣，去找一個遠離塵世、沒有喧囂與紛擾的瓦爾登湖進行修練，也不必像陶淵明那樣，到一個「採菊東籬下，悠然見南山」的聖境隱居。一顆躁動的心是無法根據環境的改變而安寧下來的，同樣，真正靜如止水的內心世界也不會根據自身的處境而發生轉變。就像一棵樹，無論它生長在多麼繁華的都市，還是種植於多麼幽靜的林野，任何風雨都會讓它的枝葉擺動，樹葉搖拂。所以，要想讓自己的內心世界得到真正的寧靜，就不能像搖擺的枝葉那樣容易迷亂，而應該學習那粗穩的根系，深埋於地下，不受一切蠱惑與引誘，只求自身的豐富與簡單。

工作、生活中，如果我們能夠把心放輕鬆些，把一切看得淡然一點，那麼就能在得與失、成與敗之間泰然處之，獲得寧靜心界的快樂享受。也許我們的收入有些少，奮鬥過程有些苦澀，但是如果能夠用一份安寧祥和的心境面對，不對財富抱有過高期望，不對未來做過多悲觀猜想，那麼我們就能免除許多不必要的煩惱，平順安全地度過坎坷挫折。

同樣，如果我們能夠在獲得財富時不得意不炫耀，在時運俱佳時不驕傲不自滿，那麼這份安寧泰然的心境就會加持我們的好運氣，讓我們在人生的路上「風調雨順」。

一切快樂，沒有比生命的祥和更為快樂；一切享受，沒有比內心的寧靜更為享受。

感受明月式的靜雅人生

自古以來，月亮都受到了有情人的喜愛。每當夜空中升起一輪明月，就會引來無數文人雅士對空吟唱，感人生苦短，嘆壯志未酬，字裡行間似乎隱藏著許多憂鬱傷感的愁緒悲懷。詩仙李白用「舉頭望明月，低頭思故鄉」來寄託自己對家鄉的想念；詩聖杜甫用「露從今夜白，月是故鄉明」表達自己遭遇離亂後的孤寂之情；著名詞人蘇軾也藉天上的明月宣洩心中的憂鬱惆悵，頌出了〈水調歌頭．明月幾時有〉這部傳世佳作。在古人眼裡，月亮並不像太陽那樣燦爛奪目，充滿能量，它更像是一位陰鬱的少女，幽幽地懸掛在漆黑的高空中，陪伴地球上那些孤獨的生命度過每一個夜晚。

其實，月亮並不像古人看到得那樣孤寂，也不像古詩中描述得那麼憂鬱，它真正展示給我們的是一種人生境界，象徵著光明與圓滿、寧靜與淡雅的處世之道。

月亮雖然不是自發光體，但它給予地球上所有生命的改變卻遠遠超過了太陽以外的所有恆星。月亮透過折射日光，照亮了我們生命中的另一半時間，讓夜晚不再漆黑，人們不再感到恐懼。除此之外，月亮還用自己的奇妙引力，影響著地球上的所有生命，包括我們人類自己。美國精神科醫生阿魯特認為：「月亮的引力會引起海水漲潮退潮，同樣也會影響人類。滿月時，月亮的引力會增強，讓地球上的生命充滿活力。這時，人與人的情感更容易加深，關係更容易處理，因此美國精神界的人們總稱它為『成功之月』。而當新月來臨，月亮的引力就會降低到最小，使人體呈現陽性化。這時，人的信心會變得更加堅定，意志也會更堅強，所以人們認為對著新月許願，願望會更容易實現……」月亮就是這樣無私地照亮著我們的夜間生活，默默無聞地作用著我們的身心，儘管它不像太陽那樣耀眼，但卻和太陽一樣，成為我們必不可少的生命組成部分。

古代的高僧大德曾經說過：「月圓月缺猶存月，本來無暗復何明？」在我們看來，月亮每月農曆初一的時候最纖細，十五的時候最圓滿，有圓缺之分，明暗之別。其實，這不過是星球運轉的軌跡或烏雲遮障使然，對月亮本身並不造成圓缺明暗的實際改變，它始終都是明亮靜雅，圓滿如故的。這就像是人生，當我們被挫折的處境攻擊，被痛苦的陰霾籠罩時，如果能像月亮一樣泰然自若，心中充滿安定寧靜的力量，不為利益與誘惑改變軌跡，不被現實的難題所擊倒，那麼當困境過去，苦難消散後，我們也能像天空中的滿月一樣，獲得一份靜雅與明朗。

因此，做人如果能夠心如明月，寧靜淡然，那麼就算面對再大的風雨，內心世界也不會有絲毫動搖。

找回內心寧靜的十個錦囊

現實世界充滿了誘惑，人們很容易被頭銜、地位、財產、榮譽、美色等外界因素動搖了自我，改變了目標，甚至迷失了心志。然而，真正的幸福只能在內心世界中找到，任何一種外在表象都無法替代心境所帶來的自我感受。如果你已經被繁雜的現實與無盡的慾望沖昏了頭，那麼就請打開下面10個智慧錦囊，解救自己的心靈，營造安寧的心境吧！

錦囊1：心境決定處境

生活是由內而外的，你快樂，身邊的環境就會愉悅，你悲傷，周圍就會充滿挫折與不順。萬事萬物都是中立的，沒有絕對的正面與負面，讓它積極還是消極，完全取決於你的心境。當你學會用樂觀的心態看待一切事物，你的生活也會變得越來越美好。

錦囊2：生活歷練成長

生活中難免有些事情讓你覺得不爽，感到沮喪或不愉快，然而這並不能說明你就此失敗，更不能說對你毫無益處。就像藥品，雖然吃下去會不怎麼好受，但卻能讓你恢復健康。

生活就像一間教室，每個人都是到這裡來學習的學生。我們在挑戰與壓力中逐漸成長，汲取經驗與教訓，最終變成一個富有智慧的人。

錦囊3：學會放下

人生中，我們要經歷很多改變，每次改變都意味著我們要放下眼前的，才能去追求未知的領域，開始新的冒險。就像馬戲團裡表演高空鞦韆的小丑，每一次凌空飛躍，他都要放下眼前的鞦韆，才能保障抓住下一個鞦韆。同樣，如果我們把眼前的東西看得太重，抓得太緊，拒絕放下時，也就無法擁抱嶄新的生活。

錦囊4：障礙是隱藏的朋友

如果你是一塊黏土，上帝想把你塑造成一件精緻完美、前所未有的藝術品。那麼祂就必須用雙手重重地拍打你，用刻刀狠狠地在你臉上刻劃，再用砂紙不斷地在你身上摩擦。這就如同我們在生活中遇到的種種困難與障礙，它們正是在用一種強烈、激進的方式打磨著我們，讓我們成為人生中美麗的作品。

錦囊5：與自己的心化敵為友

我們的心擁有著無限的力量，透過無時無刻的投射與反應，創造著我們的人生和價值。如果你對自己的內心世界不加管理，放任自流，那麼它就會成為你的敵人，給你滿足的同時也讓你痛苦。相反，如果能夠學會和自己的心靈交朋友，善用這股強大的力量，那麼它就會把你帶到積極歡樂的境地，與你分享人生的喜悅。

錦囊6：讓勇氣大於恐懼

恐懼是生命中一副沉重的枷鎖，它讓人害怕失敗、容易犯錯、不敢冒險，甚至悲觀絕望。當你感覺自己快要被恐懼感壓得喘不過氣時，請立即召喚出自己心中的勇氣超人，讓它變成滋潤心田的夢想家，為自己加油打氣，最終破除恐懼的枷鎖，重獲力量與自由。

錦囊7：愛自己才能愛別人

大多數人認為，愛必須要有一個對象才能進行，然而事實並非如此。真正的愛之源頭，其實來自於每個人的內心。如果一個人無法感覺到心中的愛，那麼他也就不能讓愛的小溪流向別人的心田，也就談不上愛對方。因此，愛源於自我，只有學會愛自己，才能愛別人。

錦囊8：感激使你心碎的人

我們的身邊往往會出現一些特殊的角色，比如把你踩在腳下的對手、背叛你的朋友、欺騙你的情人等等，他們用激烈的行為和舉動重重地傷害了你的真情，讓你心碎，對這個世界充滿憤恨。其實，他們正是在用特殊的方法挑戰你的能力，讓你看到自己的弱點，進而截長補短，獲得有力地成長。因此，大可不必嗔恨於那些讓你心碎的人，反而應該心存感激。

錦囊9：真正的自由源於心態

人生在世，任何人都不能控制外界事物的發生與發展，唯獨能做的只有控制好自己的意志。內心世界的真正自由並不是由外在因素所決定的，它完全取決於你的心態。如果你無法掌控自己的心志，讓情緒肆意宣洩，行動毫無章法，那麼也就無法把握自己的人生，最終變成生活的傀儡。相反，如果你能夠常保樂觀積極的心態，面對任何困境都能泰然處之，那麼你也就能啟動內心的力量，去創造自己想要的未來。

錦囊10：讓愛與熱情滋潤心田

在我們遭遇挑戰，感到憂慮的時候，如果能夠讓愛與熱情充滿心田，那麼我們就能找到出路，獲得寧靜與成功。真摯的情誼與大愛能夠化解世上的一切人際危機，緩解人與人之間的衝突與壓力。而飽滿的熱情能夠突破生活中的所有挑戰與難題，推動人們走出陰霾，衝向勝利。因此，愛與熱情是生命的最高共鳴，心中有愛，充滿熱情的人才是最快樂的。

無際大師治療心病的靈藥

唐朝著名高僧無際大師曾經開出一副秘方，是專門治療心病的靈丹妙藥。據說凡誠心求治者，無不靈驗。

「藥方如下：藥有十味：好肚腸一根，慈悲心一片，溫柔半兩，道理三分，信用要全，忠直一塊，孝順十分，老實一個，陰陽全用，方便不拘多少。用藥方法：寬心鍋內炒，不要焦不要躁；用藥忌諱：言清行濁，利己損人，暗箭中傷，腸中毒，笑裡刀，兩頭蛇，平地起風波。」

妙藥養心性

古人常說：「真藥醫假病，真病無藥醫。」意思就是說，真正的疾病往往來自於心理，而治療心病的藥方卻無法在世間找到。唐朝著名高僧無際大師開據了一副醫治世人心病的「心藥方」，懸掛於南嶽南台寺禪堂右側。大師的這份心藥方不僅成功地醫治了百姓們的心病，還透過藥方向世人傳授了充滿智慧的生存之道，讓很多人徹悟覺醒。

藥方中的10味妙藥更是發人深省，稱得上是修身養性的珍品。

「好肚腸一根」是告誡我們在為人處事時應當遵從自己的良心指引，善良待人，真誠處事，用寬容大度的姿態面對生活。

「慈悲心一片」是要求我們心存仁愛，用慈悲的雙眼去看待世界上的貧窮與富有、疾病與健康、美麗和醜惡，關愛一切生命。

「溫柔半兩」指的是我們在工作與生活中都應保持著謙虛謹慎的態度，不爭強好勝，不逞己之能。與人交談或處理事務時要面帶微笑，富有親和力。

「道理三分」就是要我們在真理面前堅持維護，不能因為己慾或私交而動搖原則與信念。遇到不公平的事情後應該積極講道理，對事不對人。

「信用要全」是指人生在世必須講究誠信，這是做人的基礎。無論是經營企業還是打工賺錢，對待親朋好友或是陌生人，我們都應該實事求是，履行許下的諾言。因為信用是難得易失的，花費幾年工夫累積的信任，很可能會在一言一行之間瞬間摧毀。

「忠直一塊」的意思是忠誠正直，要求我們在生活中為人坦蕩，不存奸懶饞滑壞之心，處事恪守原則，不走邪門歪道，不生貪圖謀利之心。對上無二心，對友無二心，真誠公正。

「孝順十分」是教育我們不僅要對生養自己的父母竭盡孝道，還要對天下的長輩高齡抱有敬愛順從之心。長輩的教誨要聽從，長輩的意願要順從，長輩的需求要盡量滿足，以長輩的健康快樂為孝順之首。

「老實一個」指的是我們做人應當忠厚誠實，做事應當循規蹈矩，不徇私舞弊，不偷奸耍滑。只有嚴守本分，坦然率直的人才會心境安寧，生活踏實。

「陰陽全用」的寓意一方面在於身心，它要求我們不僅要注意自己的外在言行舉止，更要關心自己的內在心境是否明朗正直，善良仁愛。另一方面，陰陽又指世間，我們應當爭做好人，多行好事，為自己積福德，累智慧。

「方便不拘多少」是告訴我們給人方便才能給己方便。不要計較給予別人的幫助是多是少，也不要在乎對方所給予的回報是否合理，因為我們在給他人提供便利的同時，也正是在為自己納福積德。

良好心境洗惡濁

擁有了以上十味妙藥，又該如何醫治心病呢？心藥方中有言：「須用寬心鍋內炒。不要焦，不要躁。去火性三分。於平等盆內研碎。三思為末。每日進三服，不拘時候。用和氣湯送下。」無際大師所表達的意思，就是要我們心存寬宏，保持平等，遇事三思而行，戒驕戒躁。只有培養出樂觀和善的心境，才能洗去個性中的惡濁，修出美好的身心。

何謂寬心鍋呢？寬心指的就是寬容，是一種待人處事的良好心理素質。寬容不僅能夠給予他人足夠的理解與體諒，還能表現出一個人的思想成熟度，展現出不凡的氣質與寬大的胸懷。一個不懂得寬容的人很容易得理不饒人，把自己的意志強加給別人，不僅自己長期處於緊張憤怒狀態，就連身邊的人也不會感到好受，最終落得尖酸刻薄的評價，損失了人緣，也傷害了自己的身心健康。

其實，寬容他人，也就是在給自己空間和餘地，等於是在寬容自己。無論是親人、朋友，還是上司、同事，我們都應該少一些責備與埋怨，多一些寬容和理解，只有這樣，人生的道路上才會充滿關愛與扶持。

焦躁是人們在面臨某種不安或威脅，身處危險境地時所產生的緊張、焦慮、煩躁、痛苦等情緒體驗。日常生活中，焦躁的情緒無處不在，時刻有可能發生，人們往往無法避免。但是，如果焦躁的程度不能得到有效的控制，那麼我們就會陷入過分恐慌與焦慮的狀態，最終導致身心失衡。如果在面臨重要抉擇，或者遭遇重大挑戰，甚至身處性命攸關的時刻，我們能夠正確、即時、有效地控制好自己的不良情緒，化解焦躁不安的感覺，就會讓壓力無機可趁。

現代社會競爭愈發激烈，人們的生存壓力也隨之變大。抱怨、煩躁、鬱悶、憤怒等不良情緒像一顆顆定時炸彈，稍有一點風吹草動，就會爆炸。試想，一個暴躁易怒、火性十足的人如何踏實認真地完成工作，又怎麼能夠友善隨和地與人交往呢？因此，我們應當努力為自己的內心注入清泉，讓安寧祥和的心泉澆滅火暴狂躁的火焰，平心靜氣地對待每一個人，用三思而後行的原則指導自己完成每一件事。

和氣的原意是指天地間陽氣與陰氣交融和合而成之氣，古人認為萬物皆有和氣而生，如今已經被引申為吉利祥瑞之氣。在心藥方中，無際大師所說的「和氣湯」主要是指為人處事的態度須溫柔融洽，和顏悅色，不刁鑽蠻橫，也不尖酸刻薄。和氣待人不僅能使對方心中充滿愉悅之情，樂意與我們交往，更讓我們的身心得到舒緩放鬆，免去了人際交往中存在的壓力，甚至還能為我們帶來利益，古人云：「和氣生財」正是這個道理。所以，保持溫和的氣度與友善的態度能夠為我們招財進寶，獲得善緣。

用藥忌諱要謹記

平時我們身體生病，吃藥的同時往往有所忌口。同樣，在服用無際大師的心藥方之時，也應當有所忌諱。大師有言：「服藥忌諱言清行濁，利己損人，暗箭中傷，腸中毒，笑裡刀，兩頭蛇，平地起風波。」這不僅是醫治心病的忌諱，更是我們在做人時必須杜絕的惡習。只有摒棄這些不良的行為與思想，才能有助於我們獲得理想安樂的人生。

「言清行濁」是指為人處事時滿口仁義道德，心中卻是男盜女娼。這種人言行不一，口是心非，十分險惡。我們應當極力排斥這種污濁之人，必要時給予警告或幫助。

「利己損人」說的是那些為了貪圖個人好處而損害他人利益的壞人壞事。這種人往往被慾望沖昏了頭，走上了貪婪的不歸路，迷失了自我。所以我們必須嚴格控制自己的慾望，即時糾正錯誤的意念和思想，不貪戀任何外在事物，不將他人之物佔為己有。

「暗箭中傷，腸中毒，笑裡刀，兩頭蛇」是形容那些當人一面背人一面的陰損笑面虎的。這類人在他人面前常常表現得優雅大方，談吐風趣，一副端莊君子模樣，而背地裡則是一個喜歡放冷箭，下陰毒，出暗刀的險惡殺手。這種人不僅得不到真正的情誼與至交，還會因為私慾而遭到報應，受到應有的懲罰。所以，我們應當心存正氣，光明磊落地為人，正直嚴謹地做事，切不可與小人為伍。

無際大師在心藥方的最後說道：「此前十味，若能全用，可以致上福上壽，成佛作祖，若能其四五味者，亦可滅罪延年，消災免患。」這就是說，如果能夠用大師開示的藥方做為人生信條，用大師的教誨做為自己的待人處事之道，那麼我們不僅能夠消災延壽，滅罪免患，還能像佛祖一樣擁有高尚的道德情操，受到周圍人的崇拜與尊敬。

當然，我們都是平平凡凡的人，無法做到古今聖賢那樣十全十美。儘管如此，如果我們用心去嘗試，那麼即使只做到了其中的四、五項，也一樣能夠在工作生活中有所收穫，有所成就。

建立心情「回收桶」——為心靈日日做環保

我們之所以感到不快樂，並不是因為擁有的太少，而是因為想要的太多。過多的慾望充斥著我們的大腦，使我們的雙眼中充滿著索取和渴望，卻忽視了內心的感受與能量。久而久之，焦慮、憤怒、恐懼、緊張等不良情緒像垃圾一樣堆積在心口，讓我們呼吸堵塞，痛苦不堪。如果能夠為自己的心房建立一座「回收站」，在儲存快樂心情的同時掃除不良情緒，那麼就能啟動內心的無限能量，創造更美好的人生。

在心房中建造一個回收桶

每個人的電腦中，都有一個名叫資源回收桶的程式。它主要是用來存放我們刪除的文檔以及沒用的資料，進而減少內部程式的冗餘。養成定期清理電腦中多餘檔案和資料的習慣，不僅可以為軟硬體程式的正常運行提供維護與保障，還能在面對清爽乾淨的電腦時，為自己刷新出一份美麗的心情。電腦如此，做人亦然。如果我們能夠學會定期清理打掃自己的心房，將那些不良的、繁冗的情緒放進回收桶中，然後點擊「清空」按鈕，就能在一瞬間為自己獲得明朗，帶來一份輕鬆愉快的體驗。

美國心理學專家認為，人都是有感情的群居動物，在生活中難免會出現衝突和摩擦，誰都會碰上不順心的煩惱事，也都可能產生憤怒、焦慮、怨恨等悲觀心情，這就是所謂的情緒垃圾。這時候，只有能夠用理智駕馭情感的人才能獲得心理上的健康，而情緒失控的人只可能做這些垃圾的俘虜。

我們每個人都不能保證自己永遠不會出現消極情緒，那麼也就無法杜絕自身產生的情緒垃圾。經過逐年累月的堆積，這些垃圾會像細菌一樣滋生，最終填滿我們的心房，發作於我們的身體。垃圾情緒積壓得越多，我們的身心就會越感到不適，甚至鬧出重大疾病來。所以，我們千萬不要像吃口香糖一樣，反覆咀嚼那些令人痛苦的過去，一遍遍地回味那些令人不快的往事，因為這些毫無營養的垃圾不能給我們提供絲毫的幫助，它只會讓我們越來越難受，越來越悲觀。

在醫院，我們通常能看到兩種病人，一種人執著於自己的身體，無法放下身上的惡疾與病灶，每天悶悶不樂，悲觀消極，甚至絕望等死。另一種人則把自身的病情暫時放在一邊，多聽令人高興的話，多做令人快樂的事，暫時忘記了痛苦，擺脫了病魔的襲擊，心情愈發舒暢起來，精神氣色也逐漸好轉。兩種人用不同的心態和方式面對生活，得到了截然相反的結果。所以，要想讓自己活得更輕鬆更快樂，我們必須在自己的心房中建立一座回收桶，定期處理焦慮、緊張、恐懼、不滿等情緒垃圾，為心靈營造一個明朗的空間。

卸載過往，還心靈空間

我們每個人或多或少都會有煩惱。要想讓自己盡可能地多感受幸福和快樂，就必須明白什麼事情應該放下，什麼事情值得在意。當我們為一些雞毛蒜皮的小事斤斤計較時，有限的心靈空間就會被這些冗餘所佔據。

比起幸福愉悅的回憶，那些痛苦、失敗，或是不幸的過往反而更容易刻骨銘心。我們總是忍不住一遍又一遍地回味過去，體驗曾經的痛苦感受。而事實上，這些令人不悅的記憶早已成為過去式，反覆咀嚼它，並不能帶給我們任何營養，反而會佔據大量的心靈空間，對我們的心境產生不良影響。

美國紐約辦公大樓中，有一位控制電梯的工作人員曾經引起了社會上的廣泛關注。他在一次車禍中失去了左手，年紀輕輕就成了殘疾人。一次，一名生活時報的記者在辦公大樓的電梯間偶遇到這位年輕人，出於職業習慣，她問道：「缺少了左手，你會不會覺得不習慣？」年輕人的臉上看不到一絲愁容，反而展露出陽光般燦爛的微笑。他回答記者：「完全不會。這件事我早就忘掉了！它並不會帶給我什麼不方便，只是在穿針引線的時候，才感覺稍微有點不習慣。」

現代社會中流行著一句話：「快樂的人都是健忘的。」的確，一個人如果記性太好，總是為過往的種種不幸傷感不已，無法釋懷，那麼他只能白白浪費眼前的時光，也會因此錯過很多獲得快樂、創造幸福的機會。如果我們能夠學會忘記，為心靈卸載掉不必要的憂傷與煩惱，讓它輕裝前進，我們就會發現人生的道路上鋪滿了鮮花，幸福與快樂隨處可得。

做自己的心靈環保師

心理診所來了一名患者，她今年18歲，身材瘦高，相貌出眾，算是個清秀白淨的小美女，但是她的表情卻十分痛苦。她告訴心理醫生，自己想自殺。經過一番瞭解，心理醫生確診她患得嚴重的焦慮症，並伴隨飲食障礙。這個女孩學業成績十分優異，而且能歌善舞，多才多藝，但是她的家庭環境很不好，父母總是在她面前相互指責，大吵大鬧，甚至把她放在中間施加壓力，導致她經常焦慮和憂鬱，最終得了心理疾病。

在現代社會，身患心理疾病的人不在少數。他們大多心情陰鬱，很容易被他人傷害，也經常被不如意的事情打敗，從此一蹶不振。究其根本原因，就是因為他們的心靈長期被緊張、焦慮、恐懼等不良情緒所佔據，當消極情緒大於積極情緒時，就會對身心造成重大影響。如果能夠即時消除心中的不良情緒，避免消極情緒的堆積，那麼我們就能讓心靈充滿健康向上的因子，身心保持平衡和諧的狀態。

有句名言說得好：「使人們不快樂的往往都是一些芝麻綠豆的小事，我們可以閃躲一頭大象，卻不能躲開一隻蒼蠅。」很多人在處理工作、家庭、生活中出現的瑣碎小事時，都無法避免憂鬱、焦慮、躁動的情緒出現，其實這並不可怕，只要我們能夠正確看待不良情緒，即時清理這些對身心無益的情緒垃圾，那麼它也就沒有機會作用於我們的心靈，傷害我們的健康。

生命是有限的，我們應當盡自己所能，讓身心少一些痛苦，多一些快樂。當我們的內心出現情緒垃圾時，應當拿起思想的掃帚，穿上理智的圍裙，做一名心靈的環保師，掃除悲觀，清理憂鬱，將消極心態打包扔出門外，讓心房常保清爽潔淨，永遠陽光燦爛。

智慧是心靈的養料

用知識的力量做沃土，用智慧的泉水做肥料，才能把心靈變得飽滿而富有能量，進而不畏挫折與挑戰，勇敢積極地面對人生。

智慧是心靈的鑰匙

每個人的心都有一道門，打開鎖之後就會走進另一片天地，感受另一種人生。能夠開啟心門的鑰匙，就是智慧。

日常生活中，當我們被擋在一扇門外，或者被鎖在一間房裡時，就會感到十分焦慮，束手無策。這時，如果能有一把鑰匙打開封閉的空間，給予我們走出去的機會，那麼結果就會截然不同。對於我們的內心世界，道理同樣如此。

每個人心中都有一把鎖，這把鎖就是我們在人生道路上所遭遇的挫折。當困難擋住了心靈之門，我們常常站在門前，卻不知道門後是什麼，所以畏懼去打開，不敢去面對，最終讓我們不知所措。古代偉大詩人屈原因為不滿當時社會現狀，面對國家的衰敗無能為力，於是他信步江邊感慨哀嘆，一時間不能解開心結，無法釋懷，最終選擇投入滾滾江水之中，了結了自己的一生。其實，如果能夠善用智慧的鑰匙打開心中之鎖，啟動內心的無限力量，那麼他的命運就不會如此悽慘了。

用智慧的鑰匙開啟心靈的枷鎖，不僅能夠釋放心中積蓄的種種情緒，還能積極有效地推進我們走向成功。義大利偉大的科學家布魯諾就運用了智慧的力量，成功開啟了心靈之鎖，捍衛了哥白尼的「日心說」，成為了真理的代言人。古希臘哲學家阿基米德也用智慧打開了心結，提出了浮力原理，成為享譽全球的「力學之父」。英國劍橋大學教授霍金同樣用智慧解開心中謎團，發現了宇宙黑洞的定理，成為享有國際盛譽的科學偉人。無數成功人士用事實告訴了我們：智慧是開啟心靈、走向成功的鑰匙。

智慧並不是那麼難以尋覓，它的源頭一直潛藏於我們的大腦之中，等待著我們發現，期盼著被我們挖掘。如果能夠好好利用智慧之鑰的力量，那麼在困難與挫折來臨時，我們就再也不會感到無能為力了。

養成閱讀的好習慣

一項權威調查顯示：英國人勤於讀書看報是世界聞名的。在英國，有一家設備完整、機構健全的民眾圖書館網，總藏書量超過了一億冊。在這裡，人們除了可以借閱書籍、樂譜、唱片等東西外，還能為家中的孩子、醫院裡的病人、監獄中犯人等提供特殊的服務，比如讀書遊戲、論壇講座、電影放映、音樂沙龍、成人交友等互動教育。在英國，閱讀已經成為一種全方位、立體式的主流生活方式，被所有人認可和接受。

閱讀是一種生命的享受，也是生活的樂趣。說起閱讀，人們首先想到的就是讀書。書是人類的朋友，也是我們進步的階梯。讀一本好書，就像與一位博學多才的智慧之友促膝長談，受益匪淺。當我們讀完一本好書，就像擁有了一場不一樣的人生，不僅能夠感受到與以往不同的人間冷暖與世事變遷，還能產生新的感悟，擁有新的體會。

當然，閱讀並不能僅限於讀書閱本，它具有著更寬廣的含意。當一個人從某件事中受到啟發，那麼他就能在「讀事」中獲取智慧；當一個人從別人的人生中有所感悟，那麼他就等於是在「讀人」中擁有了思想；而當一個人從國家歷史、社會政治中產生見解，那麼他就是在「讀國」中獲得了知識。因此，養成良好的閱讀習慣，不僅能讓我們博覽群書，通曉天文地理，還能參悟人生，透析生命的奧秘，讓自己生活得更精彩，更有意義。

怎樣才算是擁有良好的閱讀習慣呢？

首先應當學會閱讀自己。美國著名軍事家道格拉斯．麥克亞瑟曾經說過：「認識自己是認識一切的基石。」所以，我們在開啟智慧之前，必先瞭解自己。如果一個人能夠時常關心自我的身心發展，養成每日自省的習慣，才有可能學到最具價值的學問。

其次，我們應該懂得閱讀人生。人生在世，有的人碌碌無為，悄悄地來又默默地走，而有的人則立下無數豐功偉績，甚至影響了一個時代，改變了一個社會的命運。如果能夠銘記這些成功人士的傳奇一生，感悟他們的人生智慧，然後加以學習和模仿，那麼我們的人生也必定會充實豐滿，不同尋常。

最後，我們還要回到書本上，養成每日讀書看報的好習慣，在書中汲取營養，提升自己，充盈生命。

閱讀不僅僅要靠眼睛，更重要的是用心。只有用心的感受去閱讀，我們才能得到真正的見解，獲得最有價值的資訊。

知識點亮美好人生

在每個人的生命中，知識都是不可或缺的精神食糧，它幫助人們開啟智慧，擁有無價的精神財富。生活中我們常常會遇到這樣一種人，他們衣著簡樸，素面朝天，但是談吐優雅，舉止大方，在人群中格外引人注目。使他們出眾的真正原因，正是知識的力量。

丹·博斯特曾說過：「知識的確是天空中偉大的太陽，它那萬道光芒投下了生命，投下了力量。」的確，沒有知識的人就像失去了翅膀的鳥，無法在人生的高空中自由翱翔。而擁有知識的人就像綠色植物沐浴了陽光，根莖中充滿著力量，積極旺盛地成長，激發起生命的活力。

鑿壁借光的西漢經學家匡衡，廢寢忘食的發明之父愛迪生等人，無一不是透過自己的刻苦努力獲得寶貴的知識，最終走向成功的巔峰，被世人所肯定和敬仰。知識是力量，是財富，是點亮我們美好人生的至寶。只有擁有知識，我們才能在社會的舞臺上站住腳，面對競爭和挑戰時，才能無所畏懼地奮勇向前，直至勝利。

也許我們沒有華麗出眾的外表，沒有強健過人的體魄，但只要身心充盈著知識的力量，我們的人生就會絢麗多彩，堅不可摧。讓我們用夢想做鞭策，用知識做武裝，親手改變自己的命運，點亮充滿智慧的人生吧！

人淡如菊，返璞歸真

菊花自古以來就深受東方人的喜愛，這是因為它淡而有味，雅而有致，自然質樸中透著從容。當今社會競爭激烈，物慾橫流，很多人都在爭名奪利，可是到頭來不僅得不到應有的滿足感，還落得嚴重的心病。如果我們能像菊花一樣淡然素雅，內斂樸實，不被喧囂和繁雜迷亂心志，不為慾望和誘惑動搖立場，始終保持一副平和淡然的心態，那麼無論身處怎樣的環境，我們都能不焦不躁，清雅如初。

單純是生命的無價之寶

一次，某個幼稚園中來了一群鄉村兒童，他們與城市的孩子在一起玩耍，交流感情，溝通友誼。老師分別向農村和鄉村兒童提出了一個同樣的問題：「你認為什麼是最寶貴的？」城鎮的小朋友說：「爸爸媽媽是最寶貴的！」而農村的小朋友則說：「不生病才是最寶貴的！」這時，一名身為心理學教授的家長說：「其實，他們每個孩子都擁有著最寶貴的東西，那就是單純。」

列夫．托爾斯泰曾有言：「沒有單純、善良和真實，就沒有偉大。」的確，那些最偉大的思想和決定，往往是來自於人們內心中最單純、最真實的想法。單純是一種真實而透明的品格，它很容易被我們的成長和生活所忽略。

人之初，性本善。每個人在童年或幼年時期，都是單純無邪的，說出的話是真實內心的寫照，沒有半點虛假。可是隨著思想與意識的成長，環境與氛圍的改變，我們便不再像小時候那樣簡單。有的人為了追求加官進爵而選擇放棄單純，變得複雜世故；有的人為了滿足私慾而選擇謊言與欺騙，變得表裡不一；還有的人為了貪圖利益而作奸犯科，用陰險狡詐磨滅了單純的本性。

現代社會中，那些所謂的社交和禮儀讓人們漸漸變得虛偽客套。其實，正是這些虛偽的言行舉止在一點點地污染著我們的單純之心，讓我們不能表達自己的真實意願，無法以誠相待，導致我們活得越來越累。

單純並不是幼稚，更不是無知，它是人們的內心世界與外在世界溝通的橋樑，也是人們給予生活的一種完全信任。如果我們能夠相信所在的世界，相信眼前的人，那麼即使遭遇痛苦，隨之而來的也必定是幸福。即使被欺騙背叛，也不能磨滅那閃著鑽石光芒的單純與善良。

簡單的表達能夠在一瞬間拉近彼此的距離，增進相互間的瞭解，讓人與人的關係變得輕鬆而坦誠；純淨的思想更是為我們的人生樹立起一道隔塵帳，可以讓我們感受到兒時般的輕鬆心境。

當你被繁雜的花花世界搞得眼花撩亂、麻木盲從時，不妨停下腳步，嘗試找回最初的那份簡單與純樸。你會發現，在經過歲月磨練和人生經歷後所獲得的那份單純更具力量。它能讓你靜如處子，心如止水，在污濁的空氣中尋得一份清新，在繁瑣的人生中覓得一片純粹而自在的天空。

26 淡然是人生最大的幸福

國際數學大師華羅庚先生只憑一張國中學歷就在中國清華大學擔任了助教，史無前例。26歲那年，華羅庚獲得了到英國劍橋大學就讀的寶貴機會，但他並不願意成為該校的學生，只願做個訪問者。就這樣，他以這種一般的身分衝破束縛，攻讀了七、八門學科。華羅庚說：「我來劍橋是為了學習，不是為了學位。人應該淡如菊花，做個一般學生也不錯。」

「人淡如菊」出自唐朝詩人司空圖的《詩品二十四則》中〈典雅〉，是千古流傳的佳句，更是許多成功人士的座右銘。簡簡單單的四個字，卻映射出了淡然豁達的人生態度，極具哲理，值得我們深思。

菊花擁有著鮮花必有的芬芳，但卻不帶一絲甜膩，而是一縷凜冽青澀的氣息撲鼻入腦，沁人心脾。做人如果能像菊花一樣，那麼必定是一種泰然自若的安寧境界。

當今社會中，有的人為了解決溫飽而奔波勞碌，有的人為了爭名奪利而處心積慮，有的人因功成名就而歡呼雀躍，有的人卻因歷經挫折磨難而失魂落魄。在人生的跌宕起伏中，如果我們能夠保持一種淡然的心態，不自怨自艾，也不怨天尤人，用冷靜的雙眼觀察世界，用寧靜的心面對生活，那麼這個世界上的傷心與哀怨就會被一一化解，所謂的艱難和險阻也將不復存在。

三個和尚同喝一桶水，第一個和尚用玉盞倒了一杯水飲下，感覺自己富貴了許多；第二個和尚用瓷碗盛起一碗水喝下，感覺自己貧賤了許多；第三個和尚用雙手捧起一汪水喝下，然後痛快地說：「真甜呀！」同一桶水，卻喝出了不同的味道，產生不同的感受，這就是心態的力量。人生也同樣如此，在喧囂繁雜、五彩繽紛的工作生活中，只有保持內心世界的平和，淡然安定，才能避免受到外界事物的干擾與誘惑，品味人生的真滋味。

積極奮鬥的進取者固然值得欽佩，所向披靡的乘風破浪者也值得被尊敬，而從容不迫、泰然自若者才是人生這場遊戲的常勝將軍，也是最後的贏家。淡然是一種醒悟和超脫，是趨炎附勢中的特立獨行，是舉重若輕中的義無反顧，是智者的大境界。

返璞歸真，淡泊是福

三國時期偉大的政治家諸葛亮在54歲臨終前，曾給8歲的兒子諸葛瞻寫下了一封家書，這封書信名為《誡子書》，被後世歷代傳為佳話，成為修身立志、警示自省的經典名篇。其中有一句話更是被無數人謹記於心，那就是：「非淡泊無以明志，非寧靜無以致遠。」這句話的意思就是說，我們做人處事只有看輕世俗名利，保持身心寧靜，才能明確自己的志向，實現遠大的理想。

在繁雜喧囂的現代都市中，淡泊與寧靜就顯得尤為珍貴。在慾望的海洋中，金錢與名利就像興風作浪的妖魔，吵擾著人們正常的思緒，撩撥著人們善良的內心。有些人被慾望的浪花擊垮，沉溺在不滿足的渾水中無法自拔。而有的人則心如靜水，保持著純真與質樸，就算名利的波濤再洶湧，誘惑的浪花再翻滾，他們也不會受到絲毫侵擾。

為了生存，我們不得不去奔波，同時還要面對生活中的諸多煩惱與無奈。但是，只要我們的心中充滿寧靜，用淡泊的態度去過活，有也歡喜，無也快樂，那麼原本艱難困苦的生活也會變得輕鬆愉悅許多。

擁有了淡泊的處世心態，我們就會在簡單中體會真切的生活，在平凡中感受人生的安樂。也許你並沒有令人羨慕的工作拿來攀比，也沒有輝煌的業績可以炫耀，更沒有大把的鈔票供己揮霍，但是你懂得知足，懂得在平凡中享受生活，那麼幸福就會永遠在你身邊。

人生不可能一成不變，沒有誰能永遠站在高處，也沒有誰會長久處於低谷。當富有的人在貪圖享受，成功的人在盲目炫耀時，他們是無法看到未來的陷阱，也根本不會明白平淡是真的道理，只有生命終結，一切歸零時，才驚然發現原來自己什麼也帶不走。

平平淡淡才是真，只有放下外在的裝飾，回復純淨質樸的本心，才能撥雲見日，體會生活的真正意義。否則只能造作浮誇、糊裡糊塗地終其一生。

學會淡泊，享受回歸本真的純淨心態，我們就能在壓力叢生、物慾橫流的社會中保持神凝氣靜！

國家圖書館出版品預行編目資料

別讓心靈佈滿皺紋／安顏著.
－－第一版－－臺北市：宇河文化出版；
紅螞蟻圖書發行，2012.3
面　公分－－(Wisdom books；5)
ISBN 978-957-659-888-3（平裝）

1.修身 2.生活指導

192.1　　101002927

Wisdom books 05

別讓心靈佈滿皺紋

作　　者／安顏
美術構成／Chris' office
校　　對／賴依蓮、楊安妮、周英嬌
發 行 人／賴秀珍
榮譽總監／張錦基
總 編 輯／何南輝
出　　版／宇河文化出版有限公司
發　　行／紅螞蟻圖書有限公司
地　　址／台北市內湖區舊宗路二段121巷28號4F
網　　站／www.e-redant.com
郵撥帳號／1604621-1　紅螞蟻圖書有限公司
電　　話／(02)2795-3656（代表號）
傳　　真／(02)2795-4100
登 記 證／局版北市業字第1446號
法律顧問／許晏賓律師
印 刷 廠／卡樂彩色製版印刷有限公司
出版日期／2012年3月　第一版第一刷

定價 260 元　港幣 87 元

ISBN 978-957-659-888-3　　Printed in Taiwan